国/家/治/理/研/究/译/丛
任勇 主编

上海市高水平地方大学建设项目资助
上海市高校学位点培优培育计划资助

不确定性
与社会

［美］拉塞尔·哈丁 **Russell Hardin** 著

段海燕 译

Indeterminacy
and Society

格致出版社 上海人民出版社

总 序

改革开放以来，中国政治学与公共管理学科在恢复重建基础上取得较大的发展，已经初步形成了具有自身特点的学科体系、学术体系、话语体系，成为中国特色哲学社会科学重要组成部分。其中，翻译和引介国外优秀的政治学与公共管理学术著作扮演了重要的角色。对国外政治学与公共管理优秀学术作品的吸收借鉴并形成理论对话，正是中国政治学与公共管理自主知识体系形成的推动力之一。

从目前来看，国家治理研究已经成为建构中国政治学与公共管理自主知识体系的重要组成部分。党的十八届三中全会将完善和发展中国特色社会主义制度、推进国家治理体系和治理能力现代化作为全面深化改革的总目标。党的十九届四中全会就坚持和完善中国特色社会主义制度、推进国家治理体系和治理能力现代化的若干重大问题做出了相关决定。党的二十大把"国家治理体系和治理能力现代化深入推进"作为未来我国发展的主要目标任务之一。可见，深入推进国家治理体系和治理能力现代化已经成为当前和今后一段时间的重要任务。因此，围绕国家治理开展研究将会成为未来中国政治学与公共管理学界的重要历史使命之一。

习近平总书记在二十届中共中央政治局第六次集体学习时的讲话中强调："我们要拓宽理论视野，以海纳百川的开放胸襟学习和借鉴人类社会一切优秀文明成果，在'人类知识的总和'中汲取优秀思想文化资源来创新和发展党的理论，形成兼容并蓄、博采众长的理论大格局大气象。"这为我们更好地推进国家治理理论与实践研究提供了指引。鉴于此，华东政法大学政府管理学院与格致出版社携手合作，继承中国政治学与公共管理学界的翻译与引介国外优秀学术著作的传统，共同推出了"国家治理研究译丛"，一起致力于译介国外优秀的国家治理研究成果，借鉴世界各国国家治理领域的经验、教训和启示，从不同的国家治理理论研究与实践道路中寻求智慧、汲取营养，拓展我国国家治理研究的理论视野，从而为形成中国特色社会主义国家治理自主知识体系研究提供助力。

基于以上考虑，"国家治理研究译丛"将在充分参考各方面意见基础上，结合国家治理研究的核心议题，分步骤、分年度选取具有代表性和影响力的经典和前沿著作开展译介工作，尽可能全景式展现国外国家治理研究的最新成果，加强国家治理理论研究交流互鉴，为国家治理研究的体系化、学理化做出应有的贡献。

未来，我们希望通过对本丛书的持续推进，一方面可以为理论研究者和实务工作者提供国家治理理论和实践的启示，使建构中国特色社会主义国家治理自主知识体系有更加全面的视野；另外一方面可以为国内外学术界提供"文明交流互鉴"的平台，促进学者围绕国家治理研究开展学术互动和国际合作，携手解决世界各国国家治理中共同面临的各种挑战，在交流互鉴中推动国家治理体系和治理能力现代化的实现。

是为序。

任勇

2024 年 6 月

译者序

在本书中，作者哈丁从现实出发，提出其核心观点——在社会中，不确定性无处不在，不可避免；当我们做出决策时，尽管心怀成功的目标，但选择的只能是策略，而非结果。中国文化智慧且凝练地指出："谋事在人，成事在天。"不确定性的来源，既包括"天"——自然的随机不确定性，也包括人们策略互动所带来的不确定性，并且后者是本书所着重关注的。外部世界存在随机性，加上我们个体或集体在具体的情境和特定的时间点下，所具备的信息并不完备，都会对我们理性产生约束；然而即便我们全盘掌握信息，理性做出决策，结果常常还是会偏离预期。哈丁从逻辑上证明，策略互动中只有极少数情况才会存在确定性，这即是理性不确定性。这本书与作者之前出版的《集体行动》（*Collective Action*，1982）和《理性有限性中的道德》（*Morality within the Limits of Reason*，1988）等一系列讨论策略互动的作品，都是围绕理性不确定性所展开的研究。

本书以社会不确定性为视角，诠释了一系列重要的社会理论，认为指导我们在社会中思考和行动的理论应将不确定性纳入理论前提，重视不确定性，考虑在不确定性存在的前提下如何进行互动并做出公共决策，应该如何从这一视角来看待并运用关于我们的个人利益、集体利益和公共政策的重要理论。

书中所涉及的理论都是关于从个人到集体的利益、福利、资源或回报的，因为绝大部分情况下，所谓"成功"或"正确"指的是符合个人、集体和公众的利益。作者沿着功利主义的脉络展开探讨，并且在个人决策和公共决策中也将互利置于最重要的地位。在第一章中，作者对核心概念，包括存在不确定性的策略互动、价值多元情况下存在的社会不确定性进行了介绍，这也引出了关于价值偏好的序数主义，又从价值过渡到集体价值，即"互利"这一议题，因为社会问题本质上讨论的是利益在集体层面的聚合与权衡。第二章是理性和利益的起点，将经典的囚徒困境模型与现实进行比对，由简入繁，逐步讨论由于不确定性的存在，博弈论基于确定规则为策略互动求解是不可靠的。而乐观的一面是，人们在现实中其实很多时候会选择合作（演化博弈和行为实验都证实了这一点），而非囚徒困境所预测的背叛。

作者围绕策略互动中存在不确定性的情况，对不同理论应对展开了讨论。这七种理论应对涉及的策略背景并不完全相同，同时由于这些理论对不确定性的态度不同，得出的结论也有所不同。哈丁将这些理论分为三类：第一类理论包括寻求确定解的博弈论（第二章）、认为价值人际可比且可加总的边沁主义的基数效用论（第四章），以及通过引入规则确立确定性的道义论（第六章）。这类观点不同程度上忽视了理性不确定性，在作者看来是存在失误的。第二类理论对不确定性做出了回应和处理，包括霍布斯关于主权的理论（第三章）、科斯的产权交易理论（第五章）和罗尔斯关于基本善的差别原则（第七章），它们有各自关注的理论核心，但都巧妙地对其中涉及的不确定性做出回应。霍布斯在整体上关注社会秩序，其主权学说提出，国家和政府源于公众对于秩序的需要。利维坦带来秩序优于无序是确定的，挑战现存秩序的尝试会给绝大多数人民带来损害。科斯讨论的则是生产的边际问题，提出市场交易能够筛选出更加有效利用资源的生产者，他巧妙地借助货币收益，运用基数价值对问题进行了简化。罗尔斯对于个人理性（对他人漠不关心）和价值人际不可比有着明确的认识，因此不确定性也构成了其正义论的前提，在此基础上采取差别原则实现了表面的确定性。第三类是将不确定性置于核心位置的理论，以序数主义革命和阿罗不可能定理为代表。此外贯穿书中各处，作者还对洛克、休谟、密尔、帕累托、波斯纳、斯蒂格勒等学者的经典理论进行了讨论。

总体来看，作者认为只有直面不确定性的社会理论，才能对选择做出符合现实的正确分析，并且在诠释前人理论的基础上，作者在第八章中运用两阶段方式，围绕制度提出如何实现机械的确定性，即在第一阶段中确立互利的事前制度，第二阶段则采取机械的做法，按照事前制度采纳并实行特定的政策，并依据互利原则做出应有的补偿。

作者哈丁是制度功利主义学说的代表，本书也是他这方面研究的系统性呈现。功利主义学说经历了基数主义和序数主义、人际可比和人际不可比等争论，作者从不确定性入手，提出了以两阶段理论来应对并包容不确定性。正如作者所说："一项健全的社会理论的落脚点应该是一项制度。"

个人活动中缺乏确定性，而在公共事务中不确定性几乎不可避免，但人们必须集合起来，政治和国家治理本质上就是开展各方面的协同。作者十分赞成霍布斯的理论，不仅因为霍布斯对不确定性做出了巧妙的处理，并且对社会秩序的现代理解是始于霍布斯的，因为他证明了从互利出发，制度能够给每个人努力和合作的机会，从而带来更好的福祉。因而阅读本书，我们不仅能够了解一系列重要的理论，还可以看到作者对于大量公共政策的最为"诚实"的分析。所谓"诚实"一方面是因为认识到了不可避免的不确定性，另一方面是因为摒弃了道义论的规范视角，从互利的角度出发进行分析。这样的公共政策包括针对流行病（天花和脊髓灰质炎）的广泛的疫苗接种计划、交通规则、司法制度、核军备控制、对国内冲突的外部干预等。

最后，本人作为政治学研究者，有幸翻译本书，获益良多。以上对于本书内容的回顾和介绍是我的学习心得，也是共鸣之处。这本书篇幅不长，但难度不小，涉及了大量经典理论的思辨和背景知识，在语言的理解和表达方式的选择上也是几经斟酌。当然，本人作为译者也深刻认识到，与其他所有人类行为相同，翻译这一理解和表达的过程不免受到不确定性的影响。用作者的术语来说，这种影响来自认知的有限性和人际不可比（表达偏好，而非利益偏好），而领会并学会与不确定性共存，也是促使我们工作不断推进的重要因素。本书的编辑刘茹老师在审校过程中一直非常细致地对稿件进行研磨并与译者沟通，对于译者而言，通过多次审校的稿件进行交流是一段非常奇妙的经历，我非常敬佩编辑的专业精神。这一过程对于降低不确定性带来的误差提供了巨大的帮助，我们共同希望这本书的精彩内容和启发性能够更好地呈现给读者。

前 言

　　本书的总体观点是，社会互动中的不确定性十分重要，它无处不在，并且常常难以把握，因而困扰着社会理论研究。我把重点放在非常重要的主流理论和理论学派上，因为如果这些理论通常会忽视一些问题，那我们对不确定性及其影响就更要保持警觉。这些理论的贡献者常会受到不确定性的困扰，有时他们也会去应对并解决这些问题。在一些情况下，他们会将不确定性置于中心地位，从而在自己的理论中，明确将不确定性纳入假设前提和结论。各种各样的理论中，很多的设置之所以会存在，至少是因为研究者隐约意识到了不确定性——这种说法也许有夸大，但将这些设置视为对不确定性的规避，是具有启发性的，无论研究者是否有意为之。在本书中我会采取这种方式，从而将关注重点放到不确定性这一议题上来。

　　在这里，整个讨论所围绕的不确定性都是伴随策略互动产生的。在策略互动中，我选择的是策略而非结果，但我进行选择的目的，是希望达到某种期望结果。在有些策略互动中，例如在纯粹的协同互动（pure coordination interaction）中，策略选择到结果选择之间的不确定性很小甚至不存在。但在更为普遍的、两个或更多选择者之间进行复杂互动的案例中，不确定性是一个核心问题。与此部分相关的一种不确定的形式是，由于随机问题，我（或我们）的行为会引发一系列可能的结果，就如同我与自然进行互动，产生的最终结果是由我的策略选择与自然的策略选择的组合所决定的。这两类问题，包括互动选择和在随机环境中应对自然进行的选择，都会使得我们在日常话语和哲学行动理论中关于行动的简单理解变得十分复杂，因为我的行动通常并不能决定结果。我关注的并非各种理论的细节，甚至不会从整体上对这些理论进行阐释，我关注的是不确定性的元素对其产生的影响。

　　本书只有第二章有一些存在技术难度的论点，且难度不大。读者也可以跳过第二章，或者通过简单略读该章的开头和结论部分来了解其中观点的主要含义。

致 谢

我要感谢鲁思·亚当斯（Ruth Adams）、诺米·阿帕丽（Nomy Arpaly）、保罗·布伦（Paul Bullen）、托马斯·克里斯蒂亚诺（Thomas Christiano）、埃德·柯利（Ed Curley）、亚瑟·西尔（Arthur Cyr）、乔恩·埃尔斯特（Jon Elster）、詹姆斯·费伦（James Fearon）、罗伯特·古丁（Robert Goodin）、杰弗里·基恩（Geoffrey Keene）、艾伦·弗兰克尔·保罗（Ellen Frankel Paul）、菲利普·佩蒂特（Philip Pettit）、理查德·波斯纳（Richard Posner）、埃克哈特·施利希特（Ekkehart Schlicht）、巴特·舒尔茨（Bart Schultz）、罗杰斯·史密斯（Rogers Smith）、斯蒂芬·施蒂格勒（Stephen Stigler）和一位匿名哲学家（他认为任何开展囚徒困境博弈的人都是罪犯）。感谢他们针对本书之前各版本的一些部分所给予的建设性建议。我也要感谢多位以下活动的参与者们：鲍林格林州立大学"道德和政治哲学基础"（Foundations of Moral and Political Philosophy）会议；马里兰大学哲学和公共政策研究所（Institute for Philosophy and Public Policy）的座谈会；美国政治科学协会（American Political Science Association）会议的一个小组讨论（1992 年）；芝加哥肯特法学院（Chicago Kent School of Law）的一次法律理论研讨会；耶鲁大学法学院的法律理论研讨会；乔治梅森大学公共选择研究中心（Center for the Study of Public Choice）的研讨会；澳洲国立大学文学院哲学系的座谈会；马里兰圣母学院的"和平的未来"（The Future for Peace）系列演讲；我在芝加哥大学关于当代道德和政治理论的几次非正式研讨会；芝加哥核军备控制律师联盟（the Lawyers Alliance for Nuclear Arms Control）的研讨会；芝加哥外交关系委员会（Chicago Council on Foreign Relations）的研讨会；以及宾夕法尼亚大学法学院的法律规范会议。我要感谢耶路撒冷希伯来大学的理性与互动决策中心（Center for Rationality and Interactive Decision Making）的"周五理性"（Rationality on Friday）研讨会及其参与者们，为我提供了一个介绍整个项目的独特的机会。我还要感谢诺米·阿帕丽、布莱恩·巴里（Brian Barry）、克里斯托弗·莫里斯（Christopher Morris）、埃里克·波斯纳（Eric Posner）、斯蒂芬·施蒂格勒和普林斯顿大学出版社的一位匿名审稿人，感谢他们为整本书稿提供的评论。如果本书具有任何贡献和价值，那么它们都可以证明以上这些随机过程是有益的。我还要感谢保罗·布伦（Paul Bullen）和王环（Huan Wang）①所提供的超出职责要求的研究助理工作，还有纽约大学、斯坦福大学、芝加哥大学、澳大利亚国立大学、安德鲁·W. 梅隆基金会（Andrew W. Mellon Foundation）和拉塞尔·塞奇基金会（Russel Sage Foundation）在我撰写本书的各个阶段所提供的支持。

第一章小部分借鉴了 "Difficulties in the Notion of Economic Rationality", *Social Science Information* 23（1984）：453—467。

第二章部分借鉴了 "Determinacy and Rational Choice", pp.191—200 in Selten, Reinhard, ed. *Rational Interaction：Essays in Honor of John C. Harsanyi*（Berlin：Springer-Verlag, 1992）; "Contracts, Promises and Arms Control", *Bulletin of the Atomic Scientists*（October, 1984）：14—17; "A Rejoinder"（to Richard B. Bilder）, *Bulletin of the Atomic Scientists*（April 1985）：53—54。

第五章借鉴了 "Magic on the Frontier：The Norm of Efficiency", *University of Pennsylvania Law Review* 144（May 1996）：1987—2020。第三章和第四章也对此文有较少的借鉴。

第六章在很大程度上借鉴了 "Ethics and Stochastic Processes",

---

① 中译名为音译。——译者注

Social Philosophy and Policy 7（Autumn 1989）: 69—80。

　　第七和第八章借鉴了 "Distributive Justice in a Real World"，pp. 9—24 in Montada，Leo，and Melvin J. Lerner，eds. *Current Societal Concerns about Justice*（New York: Plenum，1996）。

　　我要感谢这些期刊和书籍的编者和出版社允许我在此使用经过大幅修改的相关资料。

目 录

第一章　不确定性

在策略互动的背景下，也就是相当于在几乎所有社会背景下，不确定性的话题常常会被回避，因为不确定性会对原有社会理论造成破坏。但这样的理论是不正确的，因为不确定性真实存在。我在这里想要讨论不确定性、不确定性对集体决策的意义，以及在各种理论中，不确定性如何被隐藏或被忽视，抑或得到很好的处理，甚至被作为理论核心。在几乎所有社会理论中，从用最技术性的博弈论解释极细致的问题到道德理论，盛行着从一开始就回避和隐去不确定性的做法。问题在于，将面对自然的个体选择置于最简单的背景下所得出的基本解释，是无法推广到个体与个体存在互动的背景下的。宁多勿少的基本逻辑在复杂背景下并不一定成立，而这种复杂情景几乎构成了我们生活的全部，除了赌场和彩票。

通常，策略互动的核心任务是让自身得到最优的可能结果。不幸的是，在很多社会背景中，人们无法简单靠某一行动来决定自身所获得的结果。我选择的只能是策略，而不是结果。我的策略选择所能决定的最多是为一系列可能出现的结果加上些限制。想要决定这些可能结果中的某一个，所需的不仅是自己采取某种行为，还需其他人采取特定行为。通常，在其他人做出策略选择之前，我无法得知自己采取的策略是否为最佳。然而认为我们如果能够知道所有其他人将会怎么做，就能基于这一了解来改变策略的想法，又是自相矛盾的。本书所要讨论的就是这些由策略互动所带来的不确定性。博弈论中所描述的互动选择对个体选择者而言往往是不确定的。对于一个处于某特定时刻进行选择的个人，不确定性并不是选择者判断失误所带来的，而是因为在这个世界上，互动中的所有人的偏好存在错配。

沃丁顿［C.H.Waddington，1967（1960）：17］曾经将与此相关的问题描述为"随机的"（stochastic），不幸的是，他的这本书并未引起重视。这个词可以被粗略理解为"概率的"（probabilitisc），它来自一个希腊语词根，意思是"通过猜测来进行"，或者可以更直白地表述为"有技巧地瞄准"。随机问题可以这么理解，就是自然比我们更聪明，以至于我们最终所得到的结果并非选择策略时所期待达成的，至少在某些情况下会是这样。有这样一个非常清晰并存在差异性的例子，我经常讨论针对某重大疾病所进行的疫苗接种问题。这一系列问题有一个吸引人的特点，那就是无论从实用性、因果性还是道德性上看，这类问题的简单形式都不存在什么争议。尤其因为它们通常并不存在道德上的争议，所以在展示随机政策问题的本质时就会非常有用，而随机政策问题中的很多，比如核威慑（nuclear deterrence）（可能会发生偶然事件），又往往会被策略互动所困扰。对于个人选择的随机问题，我们能很容易地考虑到不同选择所对应的收益，从而选择收益更好的即可。随机集体选择或政策则牵扯到不同人的损益，因而只有当我们事前不知道受益者和受损者各自会是谁时，才能够不存疑问地在期望收益中进行选择。

为理解我们面对的很多集体选择问题所具有的随机性本质，我们可以思考北美脊髓灰质炎在自然环境下被根除（即除某些实验室存储的病毒之外，均被消灭）前的疫苗接种计划这一案例。事实是这样的，我们给数百万人接种疫苗，包括几乎所有儿童。如果不接种疫苗，其中会有很多人死亡或永久性严重残疾。而在接种者中，会有少量患上严重的脊髓灰质炎。毫无疑问，对总体人口实施接种带来的损害要小于不接种。我们的策略行为是为了保护人们，但这一行为所产生的后果中，包含了对某些人群的伤害，其中一些人如果不打疫苗（哪怕所有人都不打疫苗），也许根本就不会患上脊髓灰质炎。[1]

当我们选择一项行动或政策时，往往会面对与脊髓灰质炎接种计划相类似的结构。我们做好事的同时也有可能办了坏事，当我们想要做好事的时候会不可避免地产生造成一定损害的风险。有时这是世界的本质所决定的,疫苗接种这个例子就是这样。但在其他一些情况下,这则是由策略互动的本质所决定的。从某种意义上说,我们选择策略,但不是结果。然后我们会得到某个结果,这一结果是由我和其他人的策略选择的互动所造就的。

策略互动和结果的随机模式——这两类问题具有共同的特征,也是本书的核心议题。它们造成了行动或政策的不确定性。在哲学行为理论中,行动是简单的,比如摁下开关,灯就会亮。但在现实生活中,我们绝大部分的重要行为不会如此简单。它们本质上是相互作用的。我们采取行动都会基于一定的理由,但在行为所得到的最终结果中,这一理由并不一定会得到反映,即使这一行为是为了达到某种特定目标而采取的。

我认为,在三种情况下将不确定性作为前提假定,有助于我们正确分析并成功解决问题。在这些情况下,如果采取那些忽视不确定性问题的理论,就会造成理解上的障碍,甚至错误。第一种情况是一个长期以来就存在的话题,即关于重复囚徒博弈及如何在其中理性地采取策略。第二个是现实世界中的囚徒困境情境,即核威慑政策的问题,人们希望这个问题已经成为过去式。第三个是一个伟大的经典问题,即当制度行为(institutional actions)违背一些既定原则时,我们如何说明它们的正当性。例如,公共政策常常是基于成本收益分析来决定的,这就会涉及效用的人际比较。进行这种政策分析的通常是经济学家,他们会避免人际比较,认为这在形而上学上毫无意义。这种比较是避免不确定性的一种理论手段。尽管它们在理论基础上被拒绝,而且看上去被拒绝也是合理的,但如果能将不确定性纳入考虑,则会非常有意义。在这三种情况下,如果能够从一开始就采取正确的做法,将不确定性作为预设前提,会比坚持确定性得到更好的结果。

请注意,在疫苗接种的案例中,一些人受到伤害而另一些人受益,这只是社会互动案例的部分或缩小版的模拟,在这种情境下,采取不同举措可能会产生很好或很差的结果。这个问题被简化了,因为其中一个行动者是自然,而非具有主动选择策略能力的行为体,后者有自己的利益考量，与我们可能会存在利益冲突。牢记这一简化问题，将有助于清晰理解那些包含两个或更多具有自主性和自利性的行为体的更复杂的策略互动。对疫苗接种政策等随机问题的因果分析不大会存有争议，但在对策略互动的理解中，指明各方会怎么做或应该怎么做，都很容易存在争议。这实际上就是促使我进行本研究的核心事实。

策略互动

要正确评估社会背景下的理性，就要知道它的定义是不明确且常常是不确定的。如果这是真的，那么任何关于什么是理性做法的说明，都不应该（错误地）假定存在确定性。假定社会选择的世界是不确定的，而非确定的，会让人们在许多情况下做出不同的决定。确定性有时会阻止人们行动，有时则会促使人们做出行动，这取决于决策的性质。理性选择原则的不确定性，有时会对知识的不确定性产生影响，但我希望首先解决知识不确定性的问题，因为它会通过策略或理性的不确定性影响理性选择，而非通过认识论上的不确定性来影响普通决策。

源于对因果无知的认识论的不确定性——例如，因为理论不充分或知识不充分——本身是一个重大问题，但并不是本研究的重点。因此，我并不关心意外后果带来混乱的可能性（这是创新和公共政策中的重要问题），即使它们也是复杂互动所造成的。

在当前的理论中，策略或理性的不确定性，部分源于经济和选择理论中的序数主义革命（ordinal revolution）。这场革命席卷了经济学和功利主义，并在肯尼思·阿罗 [Kenneth Arrow, 1963（1951）] 和约瑟夫·熊彼特 [Joseph Schumpeter, 1950（1942）] 的序数理论的推动下协助孕育出理性选择理论。这种不确定性的问题在于对收益进行简单的加总，因此它会普遍存在于新古典经济学和序数功利主义或福利主义中。之所以普遍存在问题，是因为我们是在社会（或互动）背景下进行选择的。阿罗在社会选择理论的奠基著作中就已经从原则上证明了这种不确定性的存在。具有启发性的是，他恰恰是在寻求序数偏好的集体加总的确定解时，发现了不确定性的存在。然而，与大多数理论家不同，阿罗并没有因为这一发现而退缩，而是将其作为他的不可能定理（Impossibility Theorem）的核心部分（Arrow，1983：1—4）①。

　　由于集体不确定性的存在，在策略互动的背景下，个人的选择也是不确定的。从某种意义上说，这些都是利益加总的背景，尽管对于如何加总利益会存在实质性冲突，并且那些参与互动的人们所关心的也只是个人所获得的结果，而非加总利益。在这些互动中，我们会将彼此仅仅当作这个我们需要打交道的宇宙中的一些设置，因而除自己所获以外我们并不会直接关心总体结果。正如约翰·罗尔斯［John Rawls，1999：112（1971：128）］认为的，人们相互之间是漠不关心的。总之我们应将这种不确定性视为寻常状态，而非反常，理论也应该以此为基础。与不确定性理论相违的理论往往是违背事实的。

　　存在至少七种策略互动的背景——在这些背景中，不确定性起了重要作用，理论研究者会绕开它们或者对其进行处理，这里先对这七种类型进行大致梳理，后续章节会详细展开讨论。

　　在博弈论中，约翰·海萨尼（John Harsanyi）简单地规定，一个解决理论必须是确定的，尽管以确定原则作为优化举措是不合理的。这一举措不知从何而来，仿佛从某种意义上说，与不确定性共存是不理性的（这意味着活着是不理性的）。当这个博弈由固定数量的参与者重复进行时，这似乎是对囚徒困境的怪异之处的回应（参见本书第二章）。这种博弈是生活中普遍存在的部分，因为本质上交换的结构就是如此。任何经济学家关于理性的理论都必须能处理这种博弈。甚至可以说，在经济学家的世界里，对这种博弈的分析几乎应该先于其他任何事情。

　　如果存在协同问题（coordination problem），那么经济学中的均衡理论本质上就是不确定的。只要协同均衡的数量多于一个，就会存在

---

① 阿罗不可能定理是指不可能从个人偏好顺序推导出群体偏好顺序。——译者注

协同问题。在任何一般均衡理论适用的整体经济中，抽象层面都很可能会存在许多协同问题（参见本书第二章）。

托马斯·霍布斯（Thomas Hobbes）试图在他关于主权产生的理论中讨巧地使用确定性，但其实并无必要，因为现存主权一定要比其他通过反叛带来的替代方案要更好（参见本书第三章）。

杰里米·边沁（Jeremy Bentham）将确定性强行加入他的功利主义，假设不同人的效用是可以比较并且可以加总的。因而在比较不同状态的总体时，我们可以加总效用并立刻找到那个效用最高的状态（参见本书第四章）。

罗纳德·科斯（Ronald Coase）运用他的科斯定理（Coase Theorem），得出了可能是解决序数世界中不确定性的最好办法，他运用基数价格（cardinal prices）来解决选择生产什么的问题（参见本书第五章），尽管他对这一问题的解决仍然不能回答生产资料的所有者们将如何进行收益分配的问题。

许多道德理论的标准做法是，通过引入一套规则简化我们需要做的选择，以此来减少个人选择中存在的无序多样性的问题（参见本书第六章）。现在我们将这种道德理论称为"道义论"。

在正义论中，约翰·罗尔斯用差别原则实现了抽象意义上的表面确定性，但在这一表象下，他的基本善（primary goods）类别中仍然混杂着不确定性，如果认真来看，他理论中看似简洁又具吸引力的很多部分都会被否定（参见本书第七章）。然而，罗尔斯比起绝大多数理论家考虑得更为清楚的是，他认识到了社会选择中不确定性问题的核心地位，并且非常巧妙地试图克服它。

我们可以事前创建制度，根据本来无从直接使用的原则来进行决策。例如，事前基于成本收益分析的制度，相应地也包含人际比较，有可能带来互利，尽管我们可能无从证明它能够在哪些具体的运用场景下，确实实现互利（参见本书第八章）。

对这些环境的回应包含了三种理论上的失误：忽略问题并假定选择理论是确定性的（例如海萨尼的博弈理论和均衡理论所反映的）；将处于争论的价值用基数表达，从而认为在多种情况下它们可以加总，最终能够选出最高价值（例如边沁的功利主义理论所反映的）；采取非常有限但又相当精确的行为规则或原则，只涵盖有限的事务，并将其他排除在理论覆盖的范围外（例如道义伦理学所反映的）。

存在三种有效的实用主义回应：简化问题从而使得序数解决变得相对确定（例如本书第三章和第七章所讨论的霍布斯和罗尔斯的做法）；在比较它们生产的基数（cardinal）市场价值之前，保持所有事物顺序和不可比性（如本书第五章的科斯定理）；最后一种是将选择的责任交给制度，来达成机械的确定性（如本书第八章中的讨论）。

最后还有一种可能是接受不确定性，在解决问题的分析中将不确定性作为前提假定或结论，例如在阿罗的不可能定理中，他没有将不确定性忽略或选择之后再考虑。

在一定限制的条件下，这些回应都生成对问题的确定解。然而，前三种手段在评估问题或进行选择时将基本的不确定性排除在外，而三种实用主义的方式则是将潜在的不确定性加以掩盖。我将会在后续的章节中对这些方式进行讨论。将问题转移到事前制度是霍布斯和罗尔斯的解决方案中的一部分，但在更根本的意义上，它是我们处理公共政策的方式，因为我们面对的其他选择通常更不具可行性。最后一种解决方法，就是简单地直面不确定性并将其纳入分析中，这种方法目前来看并不普遍。我认为正是因为采取了这种方式，才能在阿罗不可能定理的序数世界中得到关于社会选择的正确分析，在展开重复囚徒困境博弈（这是关于大量生活中的交换与合作的很好的模型）时做出最终正确的分析，并在处理像核军备控制这类问题时得到可信且有效的说明，以及得到我们所知的对于社会秩序最丰富且最具说服力的观察。也正是因为采取了这一方式，罗尔斯才会在处理多元价值时采取差别原则。此外，这里不做讨论的很多问题和理论也同样适用，包括博弈论的一般解决理论[2]、威廉·赖克（William Riker, 1962; Hardin, 1976）的最小获胜联盟理论（或规模理论）、选举选择中的混沌理论（Mueller, 1989）等。

对于不确定性多样化的处理方式有其各自不同的适用领域，之前我们已简单提到，在之后章节中我也会进一步讨论。例如，霍布斯对于社会秩序的宏大的简化使其能够总结出任何稳定政府的存在都比没有政府好，对现政府保持忠诚总会好于以更好的政府替代它的尝试。但在一些甚至完全不存在对利益进行简化必要的案例中，它也同样适用。科斯的解决方法是关于生产中资源配置的边际问题。只有在霍布斯或是其他关于社会秩序的总体解决方法达成后，它才会成为一个问题。在从基础到边际的任何层面，如果有让人容易理解的方式（这有时确能达成），那么将福利的人际比较进行基数化都可能是可行的。至少，我们常常按照这个逻辑来行动，因为这看起来有道理，而且我们在很多基本且重要的环境下（例如在很多公共政策的决策中）如此行动。

这些手段中的前三种尽可能努力将本应存在的不确定性问题剔除出讨论。若它们中任何一种能够奏效当然是好的，尽管很多人，尤其是经济学家，反对比较不同人的福利，认为这种比较没有意义。然而这些手段并不总能奏效，这些情况下我们就只能尝试去应对不确定性；或者，既然无法改变世界，那就让自己产生错觉，相信诸如有限数量的道德准则能够维持最低程度的道德的观点。这样的应对有很多种，而且可能还有很多其他重要的手段。它们的精密性和多样性恰恰说明不确定性问题是多么普遍且多变。

到这里，人们可能会认为我们已经意识到，不确定性部分构成了不同环境下问题的本质。有意将其忽略或排除在考虑之外往往会带来误导，对我们解决甚至是理解很多个人和社会选择问题并无帮助，就像阿罗清楚地认识到的那样。在一些条件下，我们与其将确定性原则强加给一个不确定性的世界，不如承认不确定性存在，并去探寻我们应该要掌握的那些原则，以便做得更好。如果这么做，我们很可能会发现，我们所应用的原则并不完整。它们在一定范围内可能适用，但并不适用于另一些问题。

在很多情况下，我们的选择是基于实用主义的改进原则而非最大化原则，后者在很多情况下是根本无法界定的。我将"改进"理解为模态（modal）优势，是对所有事前情况的期望优势，尽管结果经常是事后并未达到收益。我认为在非不确定性的前提下，这一对于社会选择和加总结果的道德评判的原则是互利的。尽管这项原则事后会讲不通，但事前总是看似合理的，这一点我将在第三章讨论疫苗接种时进行说明。在实际生活中，尤其是在政治中，我们更可能碰到的是所谓社会互利（social mutual advantage）的限定版。我们的政治安排会为那些拥有权力的群体服务，将其他可能排除在外以实现它们的互利，而那些并不拥有这样权力的群体则很大程度上会被忽略（Hardin，1999d：chap.1 and passim）。但社会互利仍在规范上缺乏完全包容性互利的重要分量。

当互利并不明确而我们又必须要做决策时，我们会寻求将各种改进加总，其中也会进行人际比较。这本身就是一种事前互利行为。也就是说，我们事前就明白在集体决策的具体个案中，互利并不会实现。因此我们需要一个处理这些个案的原则。当这些情况出现时，若是采取一个相对宽松的改进原则来处理，那可能是互利的，即使该原则的具体实行并不会如此。更普遍的是，我们创设一项制度来实行这样的改进原则，这样一来，我们就得到了机械式的确定性。

这里对不确定性的主张并不是关于量子力学的愚蠢的比方。互动选择和加总评估在一些情况下确实是不确定的。这并不是物理学意义上的不确定性的一个类比或隐喻的延伸。社会不确定性是一个集合论选择理论（set-theoretic choice theory）的问题，而非物理概率问题。核心问题是面对策略互动的理性不确定性。在这种情景下，一系列与"理性"相关的话语看上去都会失去清晰性和应有的确定性。事实上，它们并非完全确定。在选择中不存在其他利害关系的情况下，基本理性是偏好价值宁多勿少的，而在基本理性不足以让我们做出选择的条件下，如果我们希望有确定的理论，那就一定要引入更多的原则，而这些原则往往是临时性的，也并不能如基本理性那样令人信服。随机问题比起那些复杂的策略互动问题要简单得多。在随机问题中，我们通常会得到一组概率性的可能结果中的一个，但无法缩小范围到那个最可能的结果，尽管这一结果可能会是我们最终所得到的。在这类选择中，我们是和自然进行博弈，自然在其中有着自己的策略。

两个多世纪前，策略互动中的不确定性就已经在某些情况下被明确承认。在法国大革命时期，孔多塞就认识到，在绝对多数投票的情况下，可能会出现循环的绝对多数，也就是说，候选人 A 以绝对多数击败候选人 B，候选人 B 在另一个绝对多数的基础上击败候选人 C，候选人 C 又以另一个绝对多数击败候选人 A。因而，绝对多数原则也具有不确定性。此外，至少从霍布斯开始，不确定性问题就成为很多社会理论家的困扰，他们中的大多数试图回避这一问题。通常，更有智慧的做法是最终承认这一问题的普遍存在，并着手创建相应的理论来解决它，而非构建那些原始的、确定性的理论，然后勉强地认为社会现实与其相符，甚至批评现实不能适应这些理论。

我们还经常会面临因果不确定性，这里会对其进行讨论，因为在策略或理性选择中，因果不确定性对于处理不确定性方法的界定有着非常重要的作用。因果不确定性可能往往只是源于对因果关系缺乏认识，所以它可能得到纠正。理性和社会不确定性则并不仅是指缺乏认识，因而是不能被纠正的，尽管我们可能会找到一些实用的规避方法或技巧来解决它所造成的那些问题。

序数主义

社会不确定性之所以存在，主要是因为社会选择涉及的价值和评估者是多元的。因此，对序数主义及其思想渊源进行简要回顾对我们的讨论有所帮助。清晰且明确地将社会选择理解为一项序数性问题，最早体现在维尔弗雷多·帕累托（Vilfredo Pareto）的思想中，我们现在称之为"帕累托标准"，即"帕累托效率"或"帕累托最优"。它指的是与 P 状态相比，在 Q 状态下如果至少有一个人变得更好，且没有其他人受到损害，那么 Q 状态就是 P 状态的改进。而如果不存在其他比 Q 状态更好的状态的话，就认为 Q 状态是帕累托有效或最优。后面这种情况意味着任何行动都会令至少一个人受损，或不会让任何人变得更好。

似乎有理由认为，比帕累托更早的许多著作中就已经隐含了序数评估的观点。例如，托马斯·霍布斯、大卫·休谟和亚当·斯密总体上都算是序数主义者。但基于假定对序数主义及其影响表示公开的明确关注的作品，最早是由边沁创作的，而边沁之前的学者往往默认效用是基数，不同人的效用可以加总。这一观点基本上主导了 19 世纪的思想。但基数主义是高级理论的一个错误发明。帕累托面临的任务是让序数主义具有系统性意义，这项任务最终在 20 世纪 30 年代经济学序数革命中取得了成果（参见 Samuelson，1974）。基数论、加总效用脱离了现实，已然造成理解价格变化的障碍。19 世纪的边际革命解决了这一问题的一半，序数革命最终将其完全解决。

通常认为，序数帕累托标准在理性上不存在问题。但在实践中，如果将它们用作行动的参考就会存在策略上的问题。不幸的是，帕累托标准是关于不同状态的评估，但并不能确保行动（即交换）能够将我们带入这些状态。达到帕累托最优状态的行动通常被认为是理性的，因为其中没有受损者，只有获益者，所以所有人都会认可这样的行动。但会有一些人并不认可。为什么？因为任何行动所确定的都不仅是当前的改进，它还会决定这一新的状态接下来会带来怎样的状态。在第一步中比其他人表现更优异，能够带来的是下一步以及后续行动中的优势；而在最初表现欠佳，尽管与自己相比多少有所获益，但在之后的行动中能够达到的高度也被限制了。图 1.1 将这一点更为清楚地展示了出来。

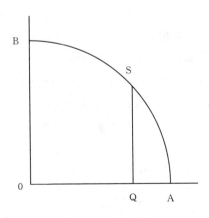

图 1.1　帕累托边界

　　图 1.1 表示 A 和 B 之间始于原点 0 的初始或当前状态的资源分配。帕累托边界代表的分配集合为帕累托最优，并且是对现状的帕累托改进。我们可以想象 A 和 B 当前状态下各自掌握不同的商品，通过交换，他们都能获得改进。A 和 B 之间的弧线表示，他们已经达到一个不能再进行自愿交换的阶段，也就是帕累托边界上的某一点。在边界上，如果任何的行动或交换能使 A 获益，那么就会使 B 的利益受损。通过帕累托改进的行动，从初始到边界的任意点都是可达的。例如，从原点移动到 Q 点（处于边界内），A 效用改进的同时并不会影响 B 的福利。然而 A 如果从 Q 点退回到原点，就不再是一个帕累托改进行为了，因为 A 的福利受到损害。请注意从原点到 Q 点的移动，它有效地界定了一个新的帕累托边界，包含原有边界从 Q 点往右的弧线上的所有点（从 A 点到 S 点），而对 B 而言更优的选择是被排除部分（从 B 点到 S 点）的所有点，它们比剩余部分上的点都要更可取，而剩余部分上的点对 A 更有利。换句话说，在采取某行动实现从原点到 Q 点的过程中，A 受益、B 受损，B 的损失可以被称为"机会成本"。

　　那么，我们为什么要说 B 同意从原点到 Q 点的帕累托改进行动是理性的？不言而喻，只有该行动没有排除其他对 B 更有利的选择（比剩余帕累托改进的点更有利的点）的情况下，B 才是理性的。如果从原点到 Q 点是唯一的行动方向，那这一点是成立的。但这就意味着帕累托不能是图 1.1 中的曲线，而必须是在原点右边的那个点。如果帕累托边界是图 1.1 中所画的曲线，B 一定会考虑初始行动对最终帕累托最优分配的影响，否则 B 的同意就会是不理性的，因而帕累托最优并不能成为理性选择的标准。

　　如果我是狭义理性的，我可以不关心你是否从与我的交易中获益，但前提是它不会对我在未来交易中获益的前景产生限制。然而，对于图 1.1 所显示的 A 和 B 而言，每个帕累托改进行动都势必影响其中至少一人的机会成本，而且往往两个人都会受到影响。这就意味着，本来后续选择领域中的一些具有吸引力的机会会因为某一行动而不再存在。[3] 因而整体上，人们不能将帕累托最优视为理性选择的标准。从理性上看，这一标准是应该被拒绝的，因为它假定人们会同意当前行动，即使这一行动会引起潜在分配中的冲突。我未来的机会取决于我当前如何分配，因而我现在的利益取决于我对未来的预期。

即使这些问题并没有产生困扰，在判断成对结果时，帕累托标准通常也是不确定的。例如，帕累托边界上的任何两个点都是不可比的。我们不能说其中一个状态比另外一个具有帕累托优势。如果机会成本被考虑进来，我们会更加难以比较一对帕累托状态中的哪一个更优。因此，如果帕累托原则被用以指导行动，会重新引入不确定性。

帕累托将霍布斯的互利的规范原则与边际主义关注相结合。事实上，帕累托 [Pareto，1971（1927）：47—51] 为避免人际比较和伴随而来的道德评价，才制定了其原则。因此，至少部分来看，帕累托从动机上是霍布斯主义的。帕累托引入这些标准不是为了给人们的行动提供建议，而是为了能够给不同状态下的情况进行顺序性的价值判断，因而这样的标准有可能成为政策制定者的参考。

帕累托原则是关于我们已经拥有的商品如何分配的静态原则。它们不是动态的，也不以生产为导向。从这方面看，它们有些偏差，如果精确运用，边沁的可加效用也会如此。但是帕累托关于静态效率的分析说明了一个真实的问题，因而并不仅仅是一种偏离。尽管之后帕累托的静态分析会出现在法经济学的科斯效率中，它在大多数情况下和我们的目的可能还是没太大关系。帕累托改进这一概念的不确定性在于，我们能够超越当前状态，来分配一些剩余价值。大多数对剩余价值的分配能够让每个人得到改进，因而也会是互利的。[4]

互利：个人利益的集体含义

在 1900 年前的一两个世纪里，微观经济学和功利主义共同发展。在 20 世纪初，G. E. 摩尔（G. E. Moore）是第一个没有写经济学相关内容的主流的功利主义哲学家。确实，对于摩尔将价值理论和功利主义混为一谈，经济学家可能并不会感到意外。他的价值理论回归到一个粗糙的观念，即某些物品的价值是固有的，与有没有被使用或带来愉悦感并无关系（Moore，1903：84）。这一观念以某种形式存在于劳动价值理论背后，根据这一理论，物品的价值就是生产它所需劳动时间的总数，这就是萨列里（Salieri）的价值理论。[5]约翰·斯图亚特·密尔（John Stuart Mill）和亨利·西奇威克（Henry Sidgwick）——19 世纪伟大的功利主义者——都写过关于经济学的论文。他们关于价值理论的大部分内容建立在其对经济的理解之上，而摩尔则把对价值的推测回归到所谓的柏拉图式的纯粹理性模式。

具有讽刺意味的是，在摩尔所在的时代，很多经济价值理论中的突出问题都被帕累托（将在第三章讨论）和 20 世纪 30 年代追随他的序数革命的支持者们解决了。摩尔显然对这些发展视而不见。摩尔时代的主要经济学家都是公开的功利主义者［Edgeworth，1881；Pigou，1932（1920）］，但在学识上与摩尔并无共同之处。摩尔对价值理论的一项伟大见解——整体价值并不是其各部分价值的简单相加，既是激发序数革命的问题之一，也被序数革命所解决（参见 Hardin，1988：7；Moore，1906：28）。这一洞见也并非全然是摩尔的原创。更早些时候，密尔将客观因果背景下的类似问题称为"化学"组合问题，因为两种化学物质接触通常会产生化学反应，结果产生的化合物所具有的特性与最开始的两种化学物质不再相同，例如将氢气和氧气两种气体结合，产生的是水。价值理论中亦是如此，将两种东西结合起来产生的价值，可能与构成成分各自的价值之和已然无关。

许多（可能是大多数的）盎格鲁-撒克逊传统的经济学家，只要关注道德理论或规范性评估，就会继续保持功利主义。不幸的是，在摩尔时代，哲学的功利主义与经济学的功利主义是分开的，因而也没有跟上经济价值理论的发展，而当时这些发展恰好能够帮助重建功利主义并促成相关知识的发展。此后，这两项传统在法经济学的当代运动中重新得到最为广泛的结合。这一结合让人们想起霍布斯理论中关于政府的一般功利主义正当性的早期起源。它们的主要区别在于，霍布斯关注的是基础性问题，而法经济学关注的则是边际问题。霍布斯关注社会秩序的建立，而法经济学关注的则是在秩序良好社会中的合法分配规则。在法经济学和霍布斯的主权理论中，一个主要的关注点是规范意义上的正当性，并且二者的规范正当性的基本原则都是将个人利益以某种方式推广到集体层面。后面会进一步对此进行讨论。

我会详尽阐述，从霍布斯到科斯的发展中，这些观念所具有的独特的一致性在于它们都是福利主义的。但霍布斯、帕累托和科斯并不属于边沁主义的古典功利主义在人际可加总福利主义（interpersonally additive welfarism）方面的变体，因而这里采取"福利"而非"效用"的说法，可能会没那么容易引起误解，尽管当代对效用含义的理解实际上是多面的。采取福利而非效用的说法，主要是因为关于福利的表述与关于效用的表述不同。通常，我们不会想要数量更多的福利，尽管我们希望福利更好或者水平更高。福利并不是基数价值，可以由微小的福利加总而来，效用有时则被认为是这样的。关于福利的表述通常是序数性的。所以我只有在讨论边沁的观点时会提到"效用"，在其他地方则会使用"福利"或"福祉"（well-being）的说法。

霍布斯、维尔弗雷多·帕累托和罗纳德·科斯构想的规范性基础本质上是相同的。霍布斯强调，我们所拥有的都是个人价值（本质上是个人利益的价值：生存和福利），只有解决集体行动困境关乎个人利益时，个体才会被动员起来。在边沁可加总的功利主义出现的一个世纪后，帕累托写道我们不知道不同个人效用的累加意味着什么，这只是一个形而上的概念。霍布斯和帕累托的结论都是我们只能在个体价值的基础上构建动机理论，这些个体价值是无法加总的。唯一可以从中计算得到的集体价值是互利，这种情况下所有人都会得到好处（霍布斯的一般假定）或是至少会有一方获益而无人受损（帕累托的假定）。

与霍布斯和帕累托相比，科斯［Coarse，1988（1960）］不那么注重表明他的价值立场，但看起来他的立场很明显是假定集体价值可以还原为个人价值，或者说，他在论述中唯一关心的价值是个人价值。例如，科斯在讨论一个牧场主与一个农场主关于如何优化他们共同事业收益的谈判时，就采取了这样的做法。农场主的农作物和牧场主的牛的总净利润等于销售价值减掉培育农作物和牛的成本。这个总值本质上是基数价值，以美元为单位计算。假设让牛在农场主的部分土地上自由行走会让收益增长，而农场主的一些农作物会被破坏，农场主则有权利扎起篱笆保护自己的土地免受牛的破坏。如此一来，农场主和牧场主通过达成让牛在农场主的部分土地上游牧的协议，能够处理利益关系［Coarse, 1988（1960）：95, 99］。在这场交易中，农场主没有用篱笆将牛限制在自己土地之外，由此牧场主得到了额外收益，这些额外收益中的一部分应该分给农场主，作为破坏农场主农作物的补偿，两人再分享剩下的额外收益。因此，通过这笔交易，双方利益都得到了改进。粗略地看，这个例子就是科斯定理的范例。

对于霍布斯、帕累托和科斯等序数论者而言，我们可以说，互利是个人利益的集体体现，因为说我们的选择是"互利的"，指的是它符合我们每个人的利益。根据这一观点，人们可以说，集体价值会突然显现（emergent），它无非是个人希望得到的。但人们也可以说，这就是价值所在，即让个人价值占上风。在任何意义上讲集体价值，都需要引入一些超越个人利益的价值观念讨论。霍布斯从本质上忽略了这种对价值的额外理解，而帕累托则明确认为这些讨论并不合理。

顺便一提，互利是个人利益唯一合理的集体类比。例如，如果我们考虑基于基数论的可加总测量：根据这样的可加总测量，你得到的更多效用可以弥补我的效用损失。当然，你的收益是以我的利益为代价的，这件事并不符合我的利益。因此，基于基数论的可加总测量并非个体层面个人利益在集体层面的体现。

结语

这里几乎所有的讨论都是福利主义的。这些不确定性与利益、利益的聚合或平衡相关。第二章的主要关注点是利益的界定。之后的章节总体上更关注利益的聚合与平衡。有时候，讨论也会与资源相关，例如在关于波斯纳（Posner）的财富最大化的讨论（第四章）、科斯定理（第五章）和罗尔斯的正义理论（第七章）中。有时，由于各种概念层面的原因，资源被引入真正地替代了福利，这样做的学者包括波斯纳、罗尔斯和阿马蒂亚·森（Amartya Sen，1985，1999），阿马蒂亚·森在其相关论点中提出，能力应该是政治理论的关注核心。有时，资源仅仅被作为分析福利的一种有效手段，如在科斯定理中那样。而在关于道德准则作为忽视不确定性的手段的讨论中（第六章），福利和资源总体上不被讨论。

在理性选择中，很少有技术问题像重复囚徒困境博弈一样，被单独进行全面细致的讨论，并引起激烈争论（第二章）。在政治哲学上千年的历史中，也很少有议题像证明政府及其行为合理性一样处于研究核心且备受争论（第三章、第七章和第八章）。认识到这两个问题的一些重要方面具有不确定性，能够从实质上澄清它们，所以我们用以处理它们的理论一定要建立在不确定性的基础之上。

历史上的一些理论获得关键性成功，很大程度上是因为它们遮掩了那些会削弱它们的不确定性，例如洛克的契约论、更为晚近的源于合理一致（reasonable agreement）和协商民主观点的各种变体、罗尔斯关于分配正义的理论。洛克的契约论尽管并不有力，通常却被认为比霍布斯的理论更好地说明了政府的正当性。但这种判断是极其错误的。霍布斯从自利，更确切地说是从互利的集体含义中，找到了政府建立的根据，这是非常了不起的成就，而洛克的理论所依赖的仅是一种缺乏可信度的规范性承诺。

从这里可以延伸出很多相关论点。例如，如果理性选择是确定的，那么它就应该能够推演出均衡结果。但如果理性具有不确定性，均衡也会不确定，就像第二章在论述重复囚徒困境时会出现的那样。如果我们确实达到了均衡的结果，通常我们也要预期会被这样的结果困住。但在很多情况下，一般来看并没有理由预期达到均衡结果，因为它们根本不存在。对于日常生活和政治理论中缺乏均衡这件事，我们也许应该感到高兴，至少对于福利主义者是这样的，而不管我们如何断言福利主义是一种错误或糟糕的道德理论，在一定程度上，我们都是福利主义者。用凯恩斯的话说，均衡意味着我们都死了，或者至少我们停止了所有的生产。

虽然我不会拓展对这一观点的讨论，但如果福利主义是一种糟糕的道德理论，那么它作为实用主义理论也会是糟糕的。但如果"它是一种坏的实用主义理论"这种假定如此不可信，那把它视为一种坏的道德理论也就说不通了。至少，福利主义应该是任何好的道德理论的一个重要构成。在为我们的社会生活设计制度方面，这一点也许最为明显。

在以下各章中，我并非专门为了阐释诸如霍布斯、康德、边沁、科斯、罗尔斯或波斯纳的相关理论而进行讨论。我的目的仅是要解释他们的理论在不确定性方面存在的问题与成功之处，因为我想要理解的是不确定性在社会中、在策略互动中的意义。可以说，比起一些不足，这些理论的强大之处更加令人印象深刻，而我只是特意把关注点放在它们某一方面的不足上。

【注释】

[1] 当时有两种主要的疫苗。其中一种由乔纳斯·索尔克（Jonas Salk）所研制，使用灭活的脊髓灰质炎病毒；另一种由阿尔伯特·萨宾（Albert Sabin）所研制，使用的是减活的病毒。使用萨宾的减活疫苗，接种者有感染病毒的风险，但可能性很小；使用索尔克的灭活疫苗，则不可能感染这种疾病。但萨宾疫苗的优势被认为是超过这点风险的，其中最主要的好处是带来群体免疫——人们可以通过与最近接种疫苗的人接触来获得这种免疫。

[2] 博弈论中解决理论的困境和多样性，恰恰以一种反常的方式展示出不确定性，以冯·诺依曼和摩根斯坦的《博弈论与经济行为》[*Theory of Games and Economic Behavior*, von Neumann and Morgenstern, 1953（1944）] 为代表。该书的三分之二篇幅都被用于分析特定类型的博弈，这些博弈可能在某些规则下存在解决方案。

[3] 有一条原则是关于自由意志主义产权观的基础的。洛克认为，将任何自然物品或地块的产权赋予第一个使用它们的人是正当的。洛克提出："每个人对自己的人身拥有财产权。"因此，"他身体所带来的劳动，他双手所做的工作，我们都可以说是属于他的，那么无论什么物品，只要使其脱离自然状态，就意味着其中有了某人的劳动的成分，也就加入了这个人专属的东西，从而使该物品成为他的财产……因为劳动无疑一定是劳动者所有的，一旦某物中注

入自己的劳动，其他人就没有拥有的权利，至少在给其他人留有足够的、同样好的东西的前提下应该如此"[Locke，1988（1690）：par. 27]。最后的附加条件，也就是现在通常所说的"洛克的附加条件"，在今天看来，也许会造成理论的失效，但当"全世界都属于美国"[Locke，1988（1690）：par. 49]时，"通过改良土地来占有任何土地"，不会"损害任何其他人，因为还剩下足够的、同样好的土地，超过所有尚未被提供土地的人可以使用的量。因此，留给他人的从不会因为自己圈地而变少"[Locke，1988（1690）：par. 33]。在这种状态下，在交换之前，不会有人在未改良土地的利益上发生冲突。只有在洛克所看到的一个原生状态的世界中，当全世界都属于美国时，帕累托标准在理性上才是无争议的（但没必要）。在这样的世界中，我能够在对你毫无影响的情况下改进我的利益，甚至对你未来的机会也不会产生任何影响。这当然是美好田园的想象，不仅因为在美国的土地上早就有印第安人存在。在非常遥远的史前时期，也许整个世界都接近洛克意义上的"美国"，但那时候并没有这种土地产权的概念。产权概念本身就是为了解决短缺问题。

[4] 帕累托标准的运用还存在一些其他问题，我们将在第三章中讨论。最后要注意的是，用一条清晰界定的曲线或边界来作为帕累托原则的标准表述是奇怪的误导。人们可能自然而然会认为，这种几何表述的方式会得到对相关个体福利的实际测量。但事实并不是这样，因为帕累托标准并没有这样的测量，它有的仅仅是相对的、序数性的比较。帕累托示意图绘制的空间中是不存在尺度的。

[5] 劳动价值理论最有影响力的倡导者是卡尔·马克思（Karl Marx，1906：1：41—48）。不幸的是，不良思想所带来的影响往往是有害的。

第二章　超越基本理性

适用于简单选择问题的理性的最简单定义是，人们选择价值时宁多勿少。这就是基本理性。这几乎是唯一被普遍接受的理性原则。另外一条原则是我们可选项的排序应该是可传递的。传递性（transitivity）是基数原则的直接推论，通过观察可知，如果 4 比 3 大，3 比 2 大，那么 4 也比 2 大。即使是在序数原则发挥作用的世界中，"大于""好于"或"更偏好"关系的可传递性也应该存在。假设你确实不认可传递性，认为 A 比 B 好，B 比 C 好，C 却比 A 好。现在，如果你拥有 C，那么你可能希望多付出一些来得到 B，再多付出一些以得到 A，然后多付出一些来得到 C，结果你愚蠢地回到了起点，资金却减少了。所以，我们的基本理性中应该包含可传递性。当我们在更复杂的互动选择背景下发现基本理性说不通了，我们的生活就开始出现问题了。

假设我们有一个完全确定的理性选择理论，它可以告诉我们每个人在特定互动条件下应该如何行动，同时我们每个人都清楚其他所有人的位置。从理论出发，我不仅可以计算出我应该怎么做，还能够了解其他理性行为体在互动中应该如何去做。如果有这种能提供确定解的理论，即它能够清楚指示每个人应该怎么做，对于理性行为者而言，这些答案是处于均衡状态的。理性行为者应该是充分了解收益结构并且了解这一理论，同时也认为博弈中的其他参与者也是理性的且了解这一理论的。

如果一个所谓的博弈的解不处于均衡中，那么根据均衡的定义，至少有一个参与者有动机选择其他策略，以获得更好的回报。但是，一个自洽的理论不能自相矛盾，不能指导我们去反对它所赞成的。因而，我们每个人都会发现，如果其他人也都遵循理论指导的话，理论指导我们做的事情会达成均衡的结果。如果不是这样的话，这项理论至少存在一定程度的不确定性。在这种意义上，对于正在进行的互动而言，理性选择存在一定程度的不确定性，这样的情况有重复囚徒困境、中等复杂程度一类的博弈，以及互动选择背景下的博弈。我会对此进行说明。

约翰·海萨尼（Harsanyi，1956，1977）长期主张博弈论理性选择理论中的确定性。毫不令人意外的是，他总体上也认为均衡结果是理性选择的结果（Harsanyi and Selten，1988）。与这一普遍观点不同，我想要强调的是，当所有行为体在互动中都遵循理性选择时，原始的理性概念并不必然具有确定性。此外，在特定互动类型中的简单均衡概念也不能明确地推广到更加复杂的互动类型中。在很多背景下，要运用基本理性和均衡需要一些额外要素。海萨尼所提出的强制决定性，可能就是一种额外要素。然而，将其视为理性观念的一部分，在很多情况下就超过理性了。特别是在重复囚徒困境这样的背景下，这么做并不具有说服力，因为在这类情况下，理论必须提供未来如何进行博弈的相应指示。如果我们发现，在这种重要且分析起来非常明确的案例中，理性都不具有确定性，那么我们就可以总结出，理性普遍来看是具有不确定性的。

基本理性

首先，我们在所有可能面临的问题前都要坚守自己直觉中的核心，即一个理性的人在价值选择中宁多勿少。如果不存在基数价值（例如可以用美元衡量），那么对于一个理性人来说，几个可以排序的结果的偏好应该是可传递的。例如，如果相对于 B 我更偏好 A，相对于 C 我更偏好 B，那在 A 和 C 中，我应该偏好 A。就目前而言，为了与近年来博弈论讨论中盛行的做法保持一致，我会假定基数效用，这样一来，就可以不必在严格的偏好序数理论中参照可传递性。此处对于基数的假定并不是必需的，只是为了简化讨论。

在基数背景下，对 A 的偏好胜过 B，仅仅说明 A 的价值要大过 B。许多对这一理性观念的批判过分简单化，犯了一步到位的唯物主义错误，认为人在选择任何有价值的事物时都宁多勿少。但显然，今晚我不会想要更多的晚餐，因为在已经吃饱后，我并不想要更多食物。确实，当超过一定量后，面对更多的食物我们也不会再有食欲。基数原则下的宁多勿少，是对于更多的价值、效用或资源的严格偏好，因而也是可传递的。几乎所有人都会认可这一说法。[1]

如果我的偏好在这一基数原则下具有可传递性，那就意味着如果我从有限数量的可能性中进行选择，其中一定会存在一项或多项是我最为偏好的，抑或是我认为所有其他可能的选择都是无差别的，因此这种情况下，宁多勿少就相当于最大化。我在所有选项中选择那个最大的。更为普遍的问题在于，当我们在各种约束条件下进行选择时，如何在最大化原则上进行妥协。一个明显的先验情况是，当我面对有无限可能、不存在最大价值的集合时（例如 1 000 美元，2 000 美元，3 000 美元，……），就无法做出一个令人信服的唯一的妥协选择。但不幸的是，这并非我生活中的一个现实问题。

最大化通常被视为理性的基本含义，或者至少部分构成了理性的基本含义。在特定条件下，当个体面临多重选择时，我们不难给出最大化的清晰界定。例如，当在两个结果中进行选择时，我偏好其中某一个，我知道最大化意味着什么。如果我的选择或行动所带来的结果带有一定概率性，那对最大化的理解就存在问题了。大多数的选择理论家似乎认为，最大化的普遍适用性明显是基本理性的扩展，尽管一些人并不认为这样的选择是显而易见的，甚至根本不认为它是正确的。经济学中理性的核心问题在于，最大化概念的适用性从最简单向其他复杂环境的推广并不能轻易达成认可。最简单的条件就好比从一个列表中选择最大的金额，且所有选项是相互排斥的。更重要的是，我们不能将它推广到适用于存在互动的环境中，在这类环境下，不同行为体的选择相互影响并产生共同的结果，而这些结果对于不同行为体可能存在部分冲突。

发明博弈论就是为了将这样的选择问题模型化。将我们关于最大化的概念推广到所有博弈是困难的，困难之处在于每个行为体在所有结果中进行选择时，会使自己的效用函数最大化，但不同行为体的效用函数可能存在很大不同。如果你和我都在进行最大化，我们很可能会根据不同的函数来进行最大化。尽管同时确保两个方程都最大化也不是完全没可能，但在一般条件下很难达成，也很难指出一个这么做的一般化准则。例如，在一局扑克游戏中，你和我不可能都拿到最大的回报。在一个微不足道的情形下，例如一些特定的协同博弈中，可能会真正地出现多个最大化，即在同一个结果中我们都可以达成最大化，尽管我们的效用函数并不一致。例如，当我们在外开车时，如果我们采取同样的策略和行车规则，实现安全驾驶，你和我的福利水平都会是最高的。

尽管存在以上这类特殊案例，但对于一般性的多重最大化问题，并不存数学上的解。那些日常说法，例如，你应该选择一个能让你花最少钱、享受最长时间和最大程度快乐的假期，很可能是毫无道理的。很大的可能是你根本无法同时实现这三者的最大化。比方说，最大的快乐很可能意味着你要付出高价，并且也不可能持续很久。类似地，如果三个人从事一项共同活动，也许可以同时促成三个人的最大化，但这几乎很难实现。因此，博弈论和更广义的选择理论、经济学，很大程度上是在寻求多重最大化的妥协方案，这看似可以从个人最大化原则推导出来。这句话中的"看似"是难点，它的含义界定得非常不清楚。

没有任何直接的推论可以从单一最大化推导出多重最大化，因而任何思考过这一问题的人都不会对以下情况感到意外，即博弈论解决理论对此提供的答案是一团乱麻。数学家只会说："当然——不可能同时就两个或更多的独立函数进行最大化。"对于一般博弈而言，想给出这个问题的解，如同只使用欧几里得工具就想要化圆为方一样，是不可能实现的。尽管在一些条件下的妥协具有一定的说服力，但与在单一函数下的某（几）个点取最大值的最大化相比，这种说服力差了一些。博弈论就是这种妥协的一种艺术性集合。更普遍的是，在基本理性以外，我们需要一些，甚至可能是很多的额外原则，但其中没有任何一项的说服力能够与基本理性相提并论。

博弈论最早的成功（早在博弈论成为一个学科之前）是约翰·冯·诺依曼的鞍点定理，它描述了两个人的常和博弈（constant-sum game），例如两人扑克或国际象棋。这项博弈中，两个玩家各自对结果的效用函数是相反的。显然，一个单一结果不可能同时达到这两个函数的最大值。但由于这是一项常和博弈，两个函数并不是相互独立的，所以在限制条件下，可能会存在实现同时最大化的一个合理的折中方案。在两人常和博弈中，两个玩家面对相同的限制，因为根据定义，关于个人结果的效用函数是相反的。针对这类博弈，冯·诺依曼提出了最大-最小（maximin）策略①。如果遵循最大-最小策略，我要考察自己的策略选择以及每一策略所对应的回报范围，比较所有策略能够带来的最低回报，最低回报最高（或至少不低于其他所有策略的最低回报）的策略就成为我的选择。几乎所有考虑过这个问题的博弈论学家都会认同这种最大-最小策略的理论说服力。

考虑到数学上不存在一个令双方同时达到最大化的方案，人们可能会说，这是一个可以令人信服的妥协，与我们对试图最大化的参与者的期望相符。但对最大-最小策略的解的描述，并不能为一般性案例的解提供参考，因为一般情况下，不同参与者想要同时最大化所依据的函数是相互独立的，所以我们所面临的约束条件并不类似。

在一些其他条件下，也存在令人信服的多重最大化，多重最大化指的是依据不同函数的多个最大化可以同时达成。第一，在一个纯粹的协同博弈中，例如在驾驶习惯中，我们要么都在左侧驾驶，要么都在右侧驾驶，这里可能存在一个针对所有人的多重最大化。即使是一个适度或近似的协同博弈，也可能存在多重最大化。第二，一个市场

---

① 最大-最小策略，又称"小中取大准则"，指的是决策者应该在各个方案中选择最差的（min）结果，再在所有最差结果中选择最好的（max）结果。——译者注

中有很多卖家和买家，他们对所有可能的交易结果的效用函数不可能同时达到最大化，但我们仍然可以期待一个有着严格范围的可能结果的出现。同样，尽管论证有些复杂，但这一结果同样来自令人信服的妥协，它隐含在个体最大化观念中，并与其保持一致。市场中所有参与者都面临这样一个约束，即大量利益相似的人通常无法达成集体行动——在购买或出售的价格上达成一致，因而，卖家之间的竞争和买家之间的竞争都会迫使价格维持在一个稳定的水平。

重复囚徒困境

博弈论中很少有能像重复囚徒困境（单次囚徒困境参见博弈 1，其中的收益可以用美元表示）一样，引发如此之多的讨论，尤其是固定次数（如 100 次）的重复囚徒困境博弈。囚徒困境的发现者（或者说是发明者？）梅里尔·弗勒德（Merrill Flood）和梅尔文·德雷舍（Melvin Dresher）最初其实是在多次重复形式的交换博弈中探索到了这个模型（Flood，1958；Hardin，1982a：16，23—25）。这一博弈之所以如此具有吸引力，在于其策略结构的特殊性。无论对方怎么做，每个玩家都会选择背叛而非合作。同时背叛给他们带来的收益是（0，0），但如果他们都选择合作，就会得到（1，1）的收益，这种情况下每个人都能够得到改进。对于个人而言理性的选择，从整体来看却变得"不理性"了。

"囚徒困境"这一标签来自 A.W. 塔克（A.W.Tucker），他讲述了两个囚犯在不同房间里，面对是否要背叛自己的共犯以转为事件证人的选择。[2] 不幸的是，这一标签从根本上简化了这项博弈，同时被改变的还有普通交易的收益结构（Hardin，1982b）。我之前为哲学系做过一次讲座，其中提到囚徒困境博弈矩阵代表了简单交易，这自然而然就表示，与在简单交易中一样，在囚徒困境博弈中选择合作也是合乎道德的。但当时我受到强烈的批判，听众中的某位坚称我完全误解了这一问题，因为它是关于做错事的囚犯的。他们选择合作对警察说谎，意味着进一步犯错。因而这个博弈是一个违反道德的范式。尽管这项博弈的名称不会对每个人都产生如此违背常理的误导，但它仍然掩盖了一些本应更加明显的内容，即它的激励或收益结构同样代表了交换，这是一种广泛存在的社会关系。对社会而言，如果缺少这种关系，将会是一场灾难。

图 2.1　博弈 1：囚徒困境

很早就有人提出，根据上述论点，如果背叛在单次囚徒困境博弈中是理性的，那么它在固定数量重复博弈中同样是理性选择。根据所谓逆向归纳法（backward induction），在最后一轮博弈中背叛才是理性的，因为不存在任何未来的互动来激励参与者进行合作。但这样一来，最后一轮本身也不会为之前的互动提供合作的激励，并且两位参与者都了解这一情况，因而，倒数第二轮的理性选择也是背叛，继而可以推理出第一轮也是如此（第二章附录中有关于这一博弈归纳的形式化证明过程）。

对这一结论有许多实际和理论上的反对意见，也有各类建议提出看似更为合理的解决方案。看上去存在这样一项基本共识，即在接近尾声的互动中，参与者会选择背叛，而之前至少会有多轮合作，但这个观点并未被学者一致接受。这些观点都没有提出存在其他确定性策略选择，仅指出逆向归纳法推导出了一个与理智相悖的、令人难以置信的结论。我并不想声称存在其他某种"最优"策略，我仅仅想表达，对确定性的要求并不合理，这就意味着不存在最优策略。

比起总是相互背叛的结果，很多人注意到，参与者在多次重复囚徒困境中的表现会更好。但这听起来就像是基本理性：宁多勿少。邓肯·卢斯（Duncan Luce）和霍华德·雷法（Howard Raiffa）提出，在一项 100 轮的重复囚徒困境博弈中，理性参与者会在大概前 90 轮的博弈中选择合作（Luce and Raiffa，1957：97，102；Radner，1980；Hardin，1982a：138，154；Kreps et al.，1982；Sorenson，1988：344—361）。不幸的是，在这种情况下，我们并不清楚最大化意味着什么。均衡概念给定的前提下，卢斯和雷法提供的解并不能被视作均衡。当然，"总是背叛"的策略也并没有实现最大化。当我们说一个特定策略可以达到最大化，是要与其他参与者所遵循的特定策略进行比较，才能得出这样的说法。如果其他博弈参与者的策略是决定性的，那我可以知道如何最大化。如果我们限制理性选择，只能得到"总是背叛"这一策略，那么每个人只有按照这个策略行事才能够实现最大化。

在关于有限次数重复囚徒困境博弈中，为了应对"总是背叛"策略具有的明显非理性的问题，博弈论学者提出了很多均衡的概念和其他一些技巧，来找出比"总是背叛"这一悲观的均衡更好的结果（其中最著名的研究可能是 Kreps et al.，1982）。这样的均衡概念包括合适均衡（proper equilibrium）、完美均衡（perfect equilibrium）、子博弈完美均衡（subgame perfect equilibrium）、序贯均衡（sequential equilibrium）和持续均衡（persistent equilibrium）。这些均衡不是等价的，其中一些被形容为"神秘晦涩"也并不为过。这里所有的争论都是关于什么才是好的理性选择理论。

让我们从头开始我们的重复博弈。你和我都是理性选择者。你认为存在一个确定性的理性选择供你遵循，并带着这一假定参与重复囚徒博弈。按照逆向归纳法的推理，这一选择是在每次互动中都背叛。这是一个从策略上看具有确定性的策略，因为它对每个参与者在重复博弈中如何推理进行了逻辑论证。现实世界不一定是确定的——甚至在进展到基本规则所规定次数之前，我们的博弈就可能早早地被某些人中断。但"总是背叛"策略的推理逻辑是确定性的。

如果我不认为这一策略是确定性的，我的任务就是动摇你对其确定性的看法。这一点很容易做到，我只要简单地不去按照建议进行博弈即可。我可以在第一轮中选择合作而非背叛。当我这么做后，就轮到你来决定如何回应。你可以认为我太笨，以致不知道什么是正确的，因此才会选择合作，但这意味着我们互动的结果不再是确定的。现在，你可以利用我的合作，以合作作为回应，诱使我继续选择合作。如果这一策略有效，比起采取所谓的具有确定性的正确策略——"总是背叛"，你的收益会大大改进。

如今，在这个独特的博弈中，我们都通过相互合作获得巨大收益。但这不是分析的终点。请注意，你是因为我拒绝采纳这个确定性策略而获益的（或许我只是不了解这个策略的论证）。你自己选择拒绝这个策略同样可以获益。但这仅仅意味着拒绝"总是背叛"的策略比遵循它对你更好，或者用我们通常理解的话来说，拒绝这个策略对你而言是理性的。这个策略表面上是合理的，因为它应该是理性的。请注意，这里我们有理由拒绝"总是背叛"的策略，但我们不能主张其他策略是理性的。

确实，在当前理论状态下，我们要保持这样的开放心态，那就是可能会有人提出我们以往没想到的理论，并说服我们认可该理论的优越性。因而，当我们开展100次重复囚徒困境博弈时，如果我在第一轮或早期几轮中选择合作，你就要考虑自己的理论了。正如弗兰克·哈恩（Frank Hahn, 1984: 59）所指出的，在另外一种背景下，如果一个人的理论"被充足且系统地证伪"，那么这一理论就应该被摒弃。我们来看看如果按照这个建议做会出现什么。假设你的谦虚程度是博弈论学者平均谦虚程度的两倍，你很可能会重新考虑持续背叛是否明智，一旦我选择合作，就会破坏你在重复囚徒困境中的效用期望。这里我们并不是在使用"颤抖的手"（trembling hand）的概念来说明因为失误而选择错误的策略，或计算错误，或任何可以被视为失误的情况。相反，这里出现的是"颤抖的智力"，它有理由对自己的理论产生怀疑。在这个案例中，通过违背自己的理论，我可以期望自己的长期效用得到改进。二者仅仅说明我的理论是自相矛盾的（Hardin, 1982a: 149；关于较为复杂的相关观点，参见 Bicchieri, 1988）。就像之前说明的那样，如果一项理论的建议会带来与自己相矛盾的结果，那么它就无法达到均衡。这样的理论不仅会颤抖，甚至还会坍塌。

这给我们留下了什么？显然，在博弈论的解决理论和更普遍的理性选择理论中，我们都受到不确定性的困扰。我们的理论不能告诉参与者，在有限重复囚徒困境博弈中，比方说在 100 次的重复囚徒困境博弈中，应该在绝大部分轮次中选择合作，然后在第 98 轮开始背叛，哪怕另一位参与者在第 97 轮中仍然保持合作。它只能说，保持较长时间的合作从个体层面来看是理性的，应该在接近最终轮的某处之前都选择合作。如果次数不多，比方说只有两到三轮，理论建议可能是一直背叛，就像在单次博弈中那样。当然，如果自己选择合作而对方背叛，那么自己所对应的负数效用 ① 的绝对值将远大于双方同时合作，或同时背叛的效用 ②（比方说在矩阵中的数字不是 –1，而是 –1 000），那合作就完全不会成为一个理性选择，因为即使仅在一轮中出现"我合作而对方背叛"的情况，所带来的潜在损失也已经大大超过我们在多轮中同时采取合作的收益。

这一观点尽管已经提出近 20 年，却仍然未受认可（Hardin，1982a：145—150）。接受这一观点需要放弃让选择的世界具有确定性的努力，并且接受策略不确定性。另外一些关于重复囚徒困境的合作性的解都有一项假定前提，即世界具有一定程度的不稳定性，因此，尽管推理本身仍然被认为是确定的，因而也是正确的，但却存在失误或者"颤抖的手"的可能性，它们会意外地造就合作，并打断之后的确定性推理。也就是说，我们通过引入一个具有不确定性的现实世界，来挽救确定性下推导出的灾难。当所有方法都行不通时，一个简单的意外操作扭转了局面。这个行动就是确定性推理给出的错误行动。而确定性推理才是问题所在，应该被拒绝。为什么会有这么多努力来证明在长期重复囚徒困境博弈中，合作是合理的？因为在这项博弈中，如果能够在大多数轮次中成功采取合作而有所获益，那么遵循确定性策略显而易见是很愚蠢的。我们在生活中对此十分了解，但在理论中貌似并不那么清楚。

---

① 图 2.1 囚徒困境博弈矩阵中右上和左下方格中的情况。——译者注
② 图 2.1 囚徒困境博弈矩阵中左上和右下方格中的情况。——译者注

对这一论点的一个标准的、固定的回应是，如果你在第一轮博弈中合作，我就可以利用你的天真，采取背叛并获得一个不错的收益，你会相应地有所损失。如果预期我们会展开很长时间的博弈，比如100次或100万次，那么之前的收益就显得微乎其微，因为通过检验并与你达成合作，我会有更大的收获。但这个回答比前面的中规中矩的回答更糟，因为它明显包含了不确定性的问题。在博弈中，选择合作和试图利用一个潜在的合作者，都不是最大化或确定性的策略。认为我们可以推断出另一参与者的合作性测试的正确性（指确定性），这种想法是错误的。我们不可能得到确定解，因为这是一个双重最大化的问题——我想为自己争取最大利益，而你想为你自己争取最大利益。两个人都成功达成各自最大利益，在逻辑上是不可能实现的。哪怕不最大化，只是获得较好收益，我们也需要根据对方的选择，权变地决定自己如何回应。这项博弈不存在确定性的解决方案，对于每个固定的回应，即某个权变性策略优于另外一个，都会再出现一个回答，这个回答包含了一个真实的主张，即考虑这个权变策略的话，对于对方而言，还会存在一个最优策略。

不会产生更好的回应策略的唯一策略，就是全然不考虑变化的、"总是背叛"的策略。只有教条才会把它称为"好的策略"。任何情况下，这种策略就是将社会互动排除在外，以达到其所认为的虚假的确定性。它还把博弈充其量变成一场竞赛，把本身是为了获得较好收益的互动，变成你要在竞赛中将我打败。确实，在重复囚徒困境博弈中，一个关于策略的常见说法是，一个策略"打败"（beat）另一个。奇怪的是，主要的博弈论学者都拒绝这种教条，正如卢斯和雷法（Luce and Raiffa，1957：100，102）20世纪50年代在他们关于博弈论的权威论著中"预测，大多数聪明的人"并不会从一开始就背叛，也不会持续较长时间采取背叛的策略。我们还可以举出几十年来许多博弈论学者为论证重复博弈中的合作做出的各种努力。往往是大多数非博弈论研究者，他们一旦听到逆向归纳法的"机智"的论证，就会坚定地相信"持续背叛"这一教条。

如前所述，近来博弈论中数量惊人的均衡概念，都至少部分受到以下令人信服的直观感觉的启发：在有限重复囚徒困境博弈中，"总是背叛"的策略并非理性的。把它设想成理性的，就相当于设想非常优秀的博弈论学者会在数百次、数千次或更多的重复轮次中采取"总是背叛"的策略，只要这样的尝试会在重复固定的次数后终止。这是一个荒唐的假设。比起任何认为理性解决理论一定是确定性的，并且在持续变化的背景下仍能得到标准的均衡结果的想法，合作尽管仅是出于直觉的主张，但仍然是更加可靠的。这一直觉似乎是许多，甚至是绝大多数当代博弈论学者所共有的，逆向归纳法推导出的标准均衡的观点明显是不合理的，这似乎启发了他们。

也许，对确定性的要求源于更早的对完全和完美信息的简化假设。如果我们拥有关于其他所有人将要做什么的完全信息，同时他们也拥有关于我们的完全信息，双方互动选择的结果一定是确定性的，至少按照当前状况看是这样的。但这又意味着它一定是个均衡。如果并非如此，那么至少有一方会有动机不按照完全、完美信息所指导的去做。人们可能会认为这是矛盾的，因而得出结论认为关于未来选择的完全信息假设是一个逻辑上无法自洽的想法。

然而，无论动机是什么，在理性选择中要求确定性，并不像我们会在互动中追求宁多勿少那样有说服力。要求确定性会产生一种"机智"的主张，即在重复囚徒困境博弈中，采取不理性的行为是理性的，因为尽管根据理性的说法应该总是背叛，但合作却是有益的。正如海萨尼（Harsanyi，1977：10）指出的那样，在博弈论中我们必须超越个人决策理论中的理性假设，否则就无法解决我们的问题。重复囚徒困境似乎成了关于理性概念各种说法的普遍适用性的试金石，而确定性并没有通过这一测试。

优势原则

在单次囚徒困境博弈中，一个简单的考虑使背叛看起来很有说服力：背叛相对于合作是优势策略，而合作是背叛之外唯一的纯策略（因此，相对于所有混合策略，背叛也是优势策略）。对于行参与者（row），无论列参与者（column）采取何种策略，一个策略是优势策略意味着它所带来的效用不会比其他策略所带来的效用低。图 2.2 展示了囚徒困境博弈中行参与者的策略以及相应的效用。如果列参与者合作，那么行参与者选择背叛的效用更高；如果列参与者背叛，那么行参与者选择背叛依然是更有利的。因而，在这项博弈中，背叛相对合作总是优势策略，也就是说，如果只考虑这场单次博弈，不管列参与者做什么，对行参与者而言，背叛都是更好的选择。背叛，或者更广义地说，采取优势策略听起来是符合宁多勿少原则的合理选择，因而也是符合基本理性的。

		列参与者	
		合作	背叛
行参与者	合作	1	−1
	背叛	2	0

图 2.2　矩阵 1：囚徒困境，只显示行参与者的收益

在重复囚徒困境中，"总是背叛"并非相对其他所有策略的优势策略。可能可以说它是连锁优势策略，就像逆向归纳法所呈现的那样。例如，与始终采取"针锋相对"（tit-for-tat）策略（称其为 T）相比，采取"针锋相对"策略但在最后一轮中选择背叛（称其为 T-1）就是优势策略。而采取"针锋相对"策略但在最后两轮中背叛（称其为 T-2）相对于 T-1 又是优势策略，以此类推。但连锁优势并不是具有说服力的选择原则。总是存在一定的可能性，例如，T 要优于 T-k。在众多策略的成对选择中，"总是背叛"可能会输给很多其他策略。任何情况下，都存在很多令"总是背叛"无法占据优势的策略。在最终结果上强加确定性或均衡条件来达成对这项策略的选择，远远超过了理性选择最基本的宁多勿少以及偏好具有可传递性的理念。

为了说明"总是背叛"策略是理性的，有人提出了必然或优势原则，但这条原则听上去很容易让人误以为可传递性是对策略选择的要求，而非对结果的要求。策略 A 要优于策略 B，因此我们排除策略

B。现在，在剩下的策略集合中，策略 C 是我们理论选择的策略。但这并不意味着优势具有可传递性，甚至不意味着策略排名的可传递性。如果策略 B 仍然保留在策略集合中，那么与策略 C 相比，策略 B 可能会成为其他参与者的策略选择，并且它所带来的结果永远不会比策略 C 差，此时，策略 B 优于策略 C。根据我们的理论，在并不排除劣势策略的情况下，我们的偏好顺序是策略 C> 策略 A> 策略 B> 策略 C。

如果策略 A、策略 B 和策略 C 代表事物的状态或价值，我们希望对它们的偏好是可传递的。对不同策略的偏好不具有可传递性，这是合理的吗？如果策略直接决定结果，那么不同策略偏好不具有可传递性就不合理，比方说在所有参与者的策略选择都已知的情况下，这就是不合理的。但这是因为在这些条件下，策略排序不具有可传递性也意味着事物状况偏好不具有可传递性。

然而更普遍地看，对策略偏好进行讨论就已经很奇怪了。我们通常讨论的偏好，都是对不同状态或不同价值的偏好。在此基础上，我们再根据我们预期策略会带来的效用来对策略进行排序。而我选择的策略会带来怎样的结果，还会受到你的策略选择的影响。为了确定我在重复互动中会得到什么结果，我必须考虑你在面对我的策略选择时会如何做。这样一来，在一般情况下，相对于选择"总是背叛"可能带来的结果，我更偏好另一种策略可能带来的结果。在一个多轮次的重复囚徒困境博弈中，并且收益比例设置也较为合理时，人们会认为几乎每个人都会在一定程度上选择合作以引发对方的合作——除非参与者受到不正当理论的蒙蔽。

优势策略能够与最大-最小策略相提并论吗？考虑一下普通纯冲突博弈（ordinary pure conflict game），冯·诺依曼的最大-最小策略在这里是适用的。矩阵 2（见图 2.3）代表了纯冲突博弈（这种情况下，博弈是零和博弈，因而行参与者的收益刚好是列参与者收益的负数）中行参与者的收益。注意，对于行参与者而言并没有优势策略选择，但是有最大-最小策略。这里最大-最小策略是 R2，这一策略带来的收益最小为 2，比起唯一的替代性策略 R1 带来的最小收益 1 要大。

		C1	C2
行参与者	R1	1	3
	R2	4	2

列参与者

图 2.3　矩阵 2：纯冲突，行参与者的收益

在这项博弈中，博弈论学者坚持认为，最大-最小策略对于双方参与者而言都是理性策略。如果他们都选择最大-最小策略，那么行参与者得到的收益为 2（列参与者的收益为 –2）。如果列参与者（不理性地）选择 C1，而行参与者选择最大-最小策略，那么行参与者的收益能够达到 4 这一最大值，而列参与者则会得到最差的结果（–4）。但请注意，对于行参与者是不存在优势策略的。当列参与者选择 C2 时，行参与者应该选择 R1；当列参与者选择 C1 时，行参与者应该选择 R2。因此，虽然个别时候会出现优势策略（即使在一些零和博弈中也会出现），但这里并不存在一般意义上的优势策略。特别是，如果把重复 100 次的囚徒困境博弈看作单次博弈来选择策略的话，是不存在优势策略的。[3] 在该博弈中，对于每个策略，都存在至少一个更具有优势的策略。

优势原则对于理性选择而言并非一般意义上的原则，因而它是不完整的，最大-最小原则也是如此。尽管将一个长期固定次数重复博弈视为整体是更合理的（从抽象意义上看），只有这样，人们在考虑自己的策略时，才会将对方策略的权变性纳入考虑，但在重复囚徒困境博弈中，连锁优势策略的论点之所以能成立，是因为长期重复中的单轮互动被视为与任何整体策略无关。[4] 由于两个策略选择的特殊原则——优势原则与最大-最小原则都是不完整的，对于固定次数重复囚徒困境博弈的策略选择也无法给出确定性的建议，因此这两个基本原则和基本理性原则一样，在这项博弈中都具有不确定性。如果这些是成立的，那我们就需要按照理性是不确定的来开展这项博弈，而不是通过连锁优势原则的零散论证来将确定性强加于这个博弈。参与者抱有不确定性的希望，期待能比采用差劲的"总是背叛"策略得到更好的结果，但连锁优势原则比这种希望更加无法令人信服。

在任何情况下，连锁优势原则将一个长期的重复博弈视为一系列单次博弈的组合，却又在将其视为整体的情况下以未来情况作为论证的依据，这就存在逻辑矛盾。因为这么做一方面解构了这项博弈，一方面又利用其整体上会被重复 n 次的特性，在重复囚徒困境博弈中采取逆向归纳就是错误的做法。连锁优势原则是一个既缺乏说服力又缺乏理性的原则。同样，这里讨论过的所有的原则——最大–最小原则、优势原则、宁多勿少原则——在互动选择的社会背景中都是具有不确定性的。

均衡

以上这些结果——一些遵循字面意义上的最大化，一些或多或少遵循某种妥协——都是在特定博弈或互动中的均衡。对于很多当代经济学家而言，这并不意外，因为他们认为均衡与理性存在内在联系。但这种联系仅仅是单向的：均衡是用理性界定的，而理性并不是用均衡界定的。一种均衡指一种结果，在该结果状态中，没有任何人有动机选择其他策略来改变这一状态，即使人们在知道其他人的选择后，能够对互动中的其他所有人进行重新推测。一般而言，这不是我们会各自追求的结果。

均衡理论表达的仅是当我们达到均衡状态时，在某种意义上我们会保持这种状态。这个结论假设我们的行动是独立的。如果我的策略将我带到某一均衡状态，我就会保持这个策略，因为根据均衡的定义，如果我改变策略而其他人都保持策略不变的话，我的收益会变差。这并不意味着我必须选择一项能够导致均衡或是必须包括均衡结果的策略。因而，将均衡在某种程度上看作个体理性选择的原则是有误的。

均衡并不能决定什么是理性的，以下事实说明了这一点：（1）存在多个均衡，不同参与者有不同的收益；（2）存在对所有相关者而言都是灾难性的均衡，并且其他可能的结果能够带来帕累托改进。这两种情况下，可能确实有一些子群体有兴趣集体转换策略，来让他们脱离这个均衡状态。这项原则是关于集体理性的，而非个体理性。在一些条件下，例如与集体行动逻辑相关的 n 个人的囚徒困境博弈中，我们认为群体无法达到这个意义上的集体理性，而根据经验事实，这通常是正确的。

同样，均衡是根据个人理性定义的。如果我们处在均衡中，对于我们其中任何一个个体而言，改变策略都是不理性的。哈恩提出了另一种关于一般经济均衡的定义，即在持续的背景下，例如重复博弈和日常生活中，联系是双向的。我们可以重塑他的观念，使之适用于博弈分析选择问题：在互动选择中，当行为者的选择产生的信号不会引起行为者改变自身所持的理论或追求的政策时，那么这些行为者就处在均衡状态中。（如前所述，哈恩提出当一项理论在经验中持续被证伪时，人们就应该放弃该理论。）这句话让人想起弗里德里希·哈耶克（Friedrich Hayek，1948a：34）的观点："均衡的概念只有在关于预见的假设中才能被确定和明晰。"如果我们中的很多人都试图在互动中实现我们的计划，那么，

> 想要实现所有这些计划，就需要抱有它们会产生相同外部事件的预期，因为，如果不同的人抱有的预期是冲突的，那就不可能有一组外部事件能实现所有人计划……其中任何一个人实现其计划的预期，都建立在其他人会以特定方式行动的基础上，因而不同计划的兼容性是必不可少的，即某人的计划所包含的行动需要恰好与构成另一个人用以计划行动的资料相同。（Hayek，1948a：38）

我们的计划在相对有限的情况下会是兼容的，例如在纯协同或模态协同的互动中。通常，如果存在相当大程度的冲突，它们是无法兼容的，但在两种存在冲突的条件下，它们仍可以实现兼容。如前所述，这两种情况，一种是在有很多买家和卖家的市场中，另一种是两人常和互动。然而，在很多冲突的情况下，标准的均衡概念是毫无意义的。

在一个固定次数的重复囚徒困境博弈中，"总是背叛"策略通常被视为均衡策略，因为如果两个行动者都选择这一策略，那么他们任意

一方都不会有动机改变，由此进入一个均衡状态。这里，均衡的概念恰恰是无效的。就和基本理性在一般策略互动中失去意义一样，均衡在重复囚徒困境博弈和其他很多条件下都是没有意义的。想要了解为什么会这样，就要考虑"背叛在单次囚徒困境中是均衡策略"和"'总是背叛'策略会将长期固定次数重复囚徒困境博弈带入均衡"的观点的形式。

在单次博弈中，很明显，如果我选择合作，那么我的策略就不处于均衡状态，因为选择背叛可以为我带来更好的结果。无论你选择什么策略——合作或是背叛，都是如此。

现在考虑一个重复100次的博弈。假设你是阿纳托尔·拉波波特（Anatol Rapoport），我知道你的策略是"针锋相对"，即你会在第一轮中选择合作，如果我在前一轮中选择合作的话，你会在后一轮中选择合作；如果我在前一轮选择背叛，你则会在后一轮中选择背叛。如果我们将固定次数的重复博弈视为一个整体的话，我们就将"针锋相对"称为"你的策略"。假设我把重复博弈视为整体，并且我也有一个策略。假设我们一直保持合作，比方说在20轮互动中保持合作，如果我在第21轮中选择背叛的话，那我确实会得到更好的结果（在重复博弈的每一轮中都是如此）。使用博弈1的数值的话，如果我在第21轮中选择合作，那我的累积收益是21，你也是21；如果我选择背叛，那我的累计收益是22，你的累计收益就变成19（整体减少了）。当然，这样一来我的整体收益会变差，因为你采取"针锋相对"策略，这意味着你在下一轮中会选择背叛。如果我也在下一轮（第22轮）中选择背叛，我的收益就保持22。如果我两次都没背叛，我的收益也是这样的；但现在，我只要继续背叛，那我的收益就会保持这个数字，即使是进行100轮互动，也还是22。如果我在第22轮选择合作，那我的收益会降低为21，但之后如果继续合作，收益也会持续增长；但如果我们双方最终都保持合作，我的收益也只会是99，而不是100。

现在说"总是背叛"是一种对你不利的均衡策略是错误的。为什么呢？因为如果我选择了与你互惠合作之外的其他策略，我的收益会变得更差而不是更好。当我们把固定次数的重复博弈视为整体，认为每个行为者会选择一项策略时，并不会像在单次囚徒困境中那样存在一项理性或优势策略。想要获得所谓的优势策略，唯一的办法是通过连锁优势的论证方式。我们可以将连锁优势运用到整个生命历程中，然后每当有机会合作时，我们都选择背叛，结果就是变成彻底贫穷的人。当然，把自己当作阿纳托尔·拉波波特来进行选择会是一个错误，因为在第一轮互动中，你可能会选择背叛，并且苦笑着对我说："我应该一早告诉你：我不是拉波波特。"在那个时刻，我的损失可能并不会很大，如果回报是以美元计算的，那么我就损失了 1 美元。

请注意，优势原则并不能自然而然地推出连锁优势原则，后者是一个新的想法，而且不是一个有明显说服力的理性原则。但这说明均衡理念的推广也并不具有明显的说服力。如果从完全的均衡来看，我们都会死去，我们应该尽量拖延，不让这件事发生。总而言之，均衡在单次博弈中是一个逻辑自洽的概念，但在重复连锁互动中并非如此。哈耶克（Hayek，1948a: 35）甚至进一步提出："只有在涉及单个人的行动时，我们运用均衡本身的概念和方法进行纯分析，才有着清晰的含义；而当我们用它们解释一些不同个体的互动时，我们实际上将这一概念引入了另一个领域，并默默地将完全不同性质的新元素赋予了这个概念。"

当然，拉波波特在第一轮中以合作为开端采取"针锋相对"策略，这与单次博弈中通常采取的策略不同。但是，重复博弈不同于单次博弈，因为在这两种博弈中，策略的含义有内在不同。具体而言，在重复博弈中，策略是权变性的。在单次博弈中，如果我们同时采取行动，就不存在权变性。但是如果我们的策略是权变性的，那我在这轮中的选择会影响你在下一轮中选择的行动，就是一个非常合理的策略。事实上，这是我们在日常生活中经常使用的策略，而且理由非常充分：它对我们有利。今天我对你有所保留，是希望你明天能够更加主动；或者现在我向你让步，是希望你意识到与我开展互利合作的可能性。权变性策略的范畴很广。

重复囚徒困境中的优势策略通常被视为连锁优势策略，即从最后一轮连锁逆向推导到第一轮的优势策略。但如果被视为整个重复博弈的策略，优势策略就变成循环的了。对于每个策略，都存在其他优势策略，即试图通过个人选择来权变性地改变其他行为者的选择。对拉波波特而言，互惠的"针锋相对"策略相对于"总是背叛"策略更具优势，即使互惠的"针锋相对"仅仅发生在前20轮，而之后都是背叛，很多其他策略也比"总是背叛"策略更具优势。将这100次重复视为整体的话，整个序列并不存在均衡。最多只能说，对于整个序列中每个单次互动而言，存在着均衡。连锁优势原则仅仅是一个意外出现的、仅适用于重复博弈的新想法，并不存在于原本的单次博弈中。它是为了以一种确定的方式来解决重复博弈问题而产生的副产品。它并不是一个明显理性的原则，它与宁多勿少的简单原则没有关系，不是基本理性的构成部分。

此外还有一些不同之处。在单次囚徒困境中，单纯的沟通不会改变人们在博弈中对利益的评估。我可以承诺合作，但不管你是否会合作，符合我利益的仍然是背叛。在重复囚徒困境中，沟通则会像在通常的协同博弈中一样起到一定作用。这对于我们开展策略合作有所助益。

在固定次数的重复囚徒困境中，有多种博弈的解——包括非理性的参与、"颤抖的手"或是失误——实际上应该推荐给单个行动者。这些解中，如果我因失误而做错了，那我可能会获得更好的收益（而你也会有所改善）。但如果我主动选择做"错"，那我就是非理性的。对于单个行动者而言，说理性不如非理性是很荒谬的。如果我们是理智的，我们就应该拒绝一个假定的理性原则，因为根据它自己的标准——宁多勿少，不理性所带来的要比理性更多。而另一种标准的理论立场相当于说，比起所谓的理性选择和优势策略，非理性或失误带来的结果更好，是优势策略。如果这样的话，同样，它不可能是均衡。结论就是，在重复囚徒困境博弈中，确定性和均衡是相互依存的，缺乏其中一个，另一个也不可能存在。

依据惯例的契约

在长期重复的囚徒困境中，即使确切的收益结构在不同轮次中有所不同，针对合作问题，参与者也能依据惯例发展出一套解决方案。因为囚徒困境代表着普通交换的收益结构，而普通交换通常是由契约规定的，所以我们可以把重复囚徒困境的合作解决方式称为"依据惯例的契约"（详见 Hardin，1982a：chaps.10—14）。它不需要国家机构的执行权力，就能够在这样的互动中起规范作用。所需要的仅是参与者的充分理解，并且成功地长期维持这种方式所带来的收益能够对其产生激励。

我在当前博弈中采取合作，是因为我希望你也能维持与我的互动，并在未来潜在的多轮互动中与我保持合作。如果因为我没能合作，使得你无法从我们的互动中获得收益，你将会在未来与我有交换机会的情况下选择背叛，你事实上从我们的关系中抽离了出来。我的动机是让你不要从合作关系脱离出去，并通过让你保持在互动中所获收益远大于脱离互动的收益来实现。

按照实际情况，我们可以为我们的互动写下无数可能的策略选择模式。如果用 C 代表合作，D 代表背叛，我在接下来 5 轮中的策略可以是 CCCCC、CDCDC，或者其他任何模式。或者，为了让你有动机选择合作，策略模式可以是"针锋相对"策略的某种变体：我在首轮中选择合作，之后，我会且仅会在你于前一轮中选择合作的时候选择合作。如果我们都选择这一策略，我们之后都会选择 CCCCC，尽管这种方式代表的是每一轮的策略选择结果，而非这些选择背后实际的策略，即如果对方合作，我就会相应地选择合作的权变性策略。（回顾一下，在重复囚徒困境中，"总是背叛"策略带来的结果是 DDD……D，这并不是权变性策略，而是根据分析性推论所得的，这与如何明智地试图影响其他行为者无关。）

我们的生活一定是这种依据惯例的契约的集合体。我们的生活在大多数情况下受到自愿性约束和制裁的调节，这些制裁并不比单纯退出互动更糟糕。在大多数的日常互动中，我们无需国家或法律的帮助。国家处于我们生活背景中，在很多方面做出规制或许是有必要的，并且，如果国家能够足够好地组织我们的世界，那我们在日常生活的大部分时间里应该不会意识到它的存在，生活中主要充斥的应该是与他人开展的自愿性互动。

我们各种相互交叠的行为让我们互相了解，从而帮助我们去估计——主要通过声望——谁可能在正在进行的交换中成为有价值的伙伴。这些互动行为还给我们提供了激励，包括直接来自此时此刻正与我们互动的人们，以及间接地来自那些有可能在某些时刻会与我们产生互动的人们。这些互动给我们提供充足的、涉及各种类型的、具有交换关系特征的行为，事实上，我们在重复交换关系。

由于在这所有关系中，条件是会发生变化的，因而这些互动在因果关系上是不确定的，并且就像在重复囚徒困境中那样，它们在理性上也存在不确定性。然而，一个惊人的事实是，尽管我们的生活存在巨大的不确定性，但我们仍然会与他人达成广泛合作。从务实的角度看，我们在处理不确定性上有很强的能力。如果我们在理智上被迫接受这种不确定性，我们可能常会有掣肘的感觉。我们中的一些人对模棱两可的忍耐度很低，以致我们应该开开心心地被蒙在鼓里，不去想我们的动机是多么地不确定。在很多条件下，对于模棱两可无法忍受，其实就是对现实无法忍受。

我们在日常生活中与他人的互动，在多数情况下当然或多或少是开放的，而不是固定次数的博弈。一个很有吸引力的事实是，开放次数的互动和长期固定次数的互动，在理性诉求上并不存在显著差异。标准逆向归纳法的一个奇怪之处是，根据它的分析你会得出，如果我和你将会进行"恰好"100万次囚徒困境的博弈，那我们应该在每一轮都选择背叛。如果博弈持续的次数是"差不多"100万次，而非"恰好"100万次，那么对于会产生什么样的结果是存在不同观点的。很多博弈论学者认为，如果是近似次数的重复博弈，理性的选择是合作而非背叛，直到你认识到（如果你会认识到的话）接下来的重复博弈的次数是有限的。认为近似次数和确切次数囚徒困境博弈存在全然不同，乍看起来是很愚蠢的。

坚持逆向归纳法的一些人，也将其推广到覆盖所有存在最终轮博弈的分析中，即使参与者并不会提前知晓哪一轮会是最终互动。生活中，我们所有的互动都会结束，因为我们自己的生命会终结。因而这些理论者认为，当没有国家或其他外部激励时，在生活中的每一轮、与每个人的自愿性交易互动中选择背叛才是理性的。比起这种所谓的理论知识，常识性的实用主义在根本上具有优越性。而且，如果这些理论家确实遵照自己的理论行事，他们的生活就一定是与社会隔绝的，但他们其实生活在我们之中，同时用他们违背现实的理论嘲弄我们。

核军备控制

在核军备控制中，一个依据惯例的契约的例子能够帮助我们厘清它是如何运作的（详见 Hardin, 1982a: 209—211, 1984a, 1985）。1963 年 6 月 10 日，美国总统约翰·肯尼迪（John Kennedy）在他的"和平战略"演讲中宣布，美国将单方面终止在大气层中开展的核试验，而且只有当另一个国家恢复在大气层中的核试验时，美国才会恢复。当时，禁止核试验的谈判已经进行了很久，并且看不到成功前景。苏联最高领导人尼基塔·赫鲁晓夫（Nikita Khrushchev）立即作出回应，并更进一步宣称，苏联将单方面停止支持战略轰炸机的制造。随后，许多其他单边举措被实施，《部分禁止核试验条约》（Limited Test Ban Treaty）在 8 月签署。

在这个相当令人满意的事例中，实际上是依据惯例的契约促成了这一条约的签订。但即使没有成功签订条约，它在禁止美国和苏联进行在大气层中的核试验上仍然是十分有效的。依据惯例的契约和《部分禁止核试验条约》之所以成为可能，当然是因为终止在大气层中的核试验是符合两国利益的，因为在大气层中的核爆会产生具有放射性的锶和其他副产品，它们会污染牛奶和食物，给两国的儿童带来伤害。（其中一些副产品还会进入成长中儿童的牙齿和骨骼。）但是，与签订协议相比，采取非正式的依据惯例的契约手段来中止试验更容易。事实上，在近四十年间两个超级大国之间的核军备控制所获得的所有成功中，有很大一部分是通过依据惯例的契约实现的。即使是未批准的条约——例如 1979 年的《第二阶段限制战略武器条约》（SALT

II Treaty）、1974 年的《限制地下核武器试验条约》(Threshold Test Ban Treaty) 和 1976 年的《和平核爆炸条约》(Peaceful Nuclear Explosions Treaty) ——也是有效的，因为它们都成了依据惯例的契约，尽管还未经正式批准。此外，《第一阶段限制战略武器条约临时协议》(SALT I Interim Agreement) 在 1977 年正式失效后，仍然继续得到遵守。

军备控制条约的谈判不仅极其缓慢，而且成为武器发展的刺激因素。在亨利·基辛格 (Henry Kissinger) 的大力支持下，美国战略家们在尚未明确部署巡航导弹的军事价值时，就在接下来的军备控制谈判中将其作为有用的谈判筹码进行宣传 (Smith, 1984)。之后，兹比格纽·布热津斯基 (Zbigniew Brzezinski, 1983: 307—308) 作为美国总统吉米·卡特 (Jimmy Carter) 的国家安全顾问，提议在欧洲部署 572 枚 "潘兴" 导弹和巡航导弹。根据他自己的说法，之所以提出安排如此大量的导弹，是因为 "美国可能会面临北约减小规模的要求，抑或是最后无法避免与苏联进行军备控制的谈判"。他希望保证 "有足够大的数字，让美国拥有与苏联谈判的筹码"。

此后，针对列昂尼德·勃列日涅夫 (Leonid Brzezhnev) 于 1979 年提出的从东欧撤出一些军队的要求，布热津斯基建议卡特，如果新的 "潘兴" 导弹尚未在西欧部署妥当，就消极应对此要求。布热津斯基 (Brzezinski, 1983: 340—341) 写道："尽管苏联应该与我们分享 '实质性的共同利益'，但我感到苏联最近的行为显示出这种共同利益尚不存在，而我们应该向苏联领导人表明，他们的行为与稳定和推进合作关系的理念是不相符的。" 在之后的几十年中，两个国家在避免核战争这件事上有着程度相当高的共同利益。鲜有两个国家能够分享比这更为严肃和迫切的共同利益。赫鲁晓夫对这一关系的理解更为深刻。在赫鲁晓夫的回忆录中，他在提到肯尼迪时写道："他，可以说既是我的伙伴，也是我的对手。" 这恰恰符合囚徒困境的本质，其中，伙伴间的合作和对手间的冲突的元素都很强。

20 世纪 80 年代，我曾在芝加哥的核军备控制律师联盟 (Lawyers' Alliance for Nuclear Arms Control, LANAC) 就这一主题发表过一次演讲。我们在讨论过程中发现，联盟中大约一半成员是离婚律师，而在所有律师中，离婚律师只占一小部分。我们都觉得这件事很有趣。人们可能预期对军备控制问题感兴趣的是合同律师，因为条约听起来像是在执行上较为松散的合同。但这些律师可能展现出了更好的洞察力。在 20 世纪 60 年代取得有效成功后的几年中，军备控制以最具破坏性的方式继续开展。合同律师明白这与合同的关系甚微，也就没有太多关心，而离婚律师则清楚了解这些综合表现，并且自然而然地被吸引。

美国和苏联的国家领导人看起来都非常愚蠢，他们更乐于指责对方的阴谋诡计和邪恶意图，而不是想办法度过那个存在潜在危机的时代。在这方面，离婚谈判常常具有类似的破坏性，谈判的目的明显不是确保自身的福利，而是让对方得到尽可能差的结果（就像在一个长期重复囚徒困境博弈中"获胜"，而非使自己获益）。正如一些离婚律师明确建议的那样，对于离婚者，最好的办法是等待，越久越好，久到足够让争吵消退，此时的离婚者能够将离婚视为让自己更好而非尽可能伤害对方的过程。希望伤害对方的态度带来的风险是核对峙导致的世界末日。

实际参与军备控制谈判的律师也会受到布热津斯基和基辛格的指导。他们带来困难的次数可能远远超过他们解决困难的次数。面对实际经验，一位律师坚持认为："我们想要控制军备竞赛，唯一现实和有效的方法是与苏联进行谈判，以达成坚实和具有法律约束力的国家间协定。"（Bilder，1985：53）在这种说法中，"具有法律约束力"意味着一旦废除协定，约束力也不复存在。因为协定包含了容易被单方面废除的内容，所以"具有法律约束力"这个词毫无意义。如果能够像肯尼迪和赫鲁晓夫那样清楚地认识到依据惯例的契约的原理，那么不论是东方的还是西方的领导人，都能够在大规模核威慑时期表现得更好，他们所能取得的成果也会远超所有这些协定所实现的。在实现军备削减后，对于律师而言拟定条款就会变得容易——仅仅去确认当前状态就可以了。律师的本能是去找确定性的解决方案，而在军备控制这一重复囚徒困境博弈中，并不存在能够指导选择的确定性。

米哈伊尔·戈尔巴乔夫（Mikhail Gorbachev）意识到，核武器系统的作用仅仅是威慑，而如果你不是威胁，也就不需要威慑。他显然相信美国不是威胁，也相信通过结束苏联在中欧的统治和解除武器，他能说服美国领导人，苏联也不是威胁。肯尼迪、赫鲁晓夫和戈尔巴乔夫都是相当有创造力的，而那个时代大多数的领导人都是愚蠢的。乔治·布什（George Bush）甚至没能领会到，戈尔巴乔夫惹人注目的举动已经从根本上改变了当时的体系。核威慑的博弈和技术都不具有确定性，因而，解决这些武器冲突的关键是接纳不确定性。

反对确定性

令人吃惊的是，在所有的研究中，博弈论竟充斥着与确定性相关的内容。显然，博弈论作为关于选择的理论，其理念——勾勒出多个参与者互动性决策的结果——本质上就是不确定的，原因很简单：从数学上看，通常不存在多个函数的最大化。如前所述，如果参与者对博弈结果的偏好函数是相互独立的，这些函数一般不可能同时达到最大化。无数微小互动的美妙之处在于，它们确实会给两个或更多的参与者同时带来最大化。仅通过观察，描述性博弈论就能够发现哪些博弈可能会产生这种好的结果：协同博弈以及很多较为混乱的博弈，在其中至少存在一项占支配地位的协作因素。在这些博弈中，参与者的偏好并非相互独立。因而，在以下三种简单条件下，确定性是有意义的：n 个人的纯（至少是模态）协作、两人常和纯冲突、存在许多买家和卖家的市场。

囚徒困境的反常之处在于，它既包括一项非常重要的协作因素（比较"背叛-背叛"与"合作-合作"这对策略的结果），也包括一项重要的冲突因素（比较"背叛-合作"和"合作-背叛"这对策略的结果）。在这个例子中，由于存在实质性的冲突因素，所以不可能同时实现最大化。同时，由于协作因素的存在，个人在收益上又有着客观的前景，当然前提是双方都能够获益。

总之，在重复囚徒困境中，确定性会要求参与者在每一轮互动中都选择背叛，但这并非明智之举。因此，我们可以得出结论，确定性不是理性的决定性特征。即使只是在中等复杂的条件下，如果我们要严肃对待博弈论和更普遍意义上的策略互动，也要取消对确定性的要求。固定次数的重复囚徒困境之所以会得到看上去如此糟糕的结果，只是因为其中假定我们一定要得到一个确定的解决方案。有时，知道博弈的解的存在，有助于我们找到它。然而，对于这个问题，并不存在一个我们通常所期待的解，并且就算假定有这样的解，也不会有助于我们找到它。

假设我们观念里认为理性选择是具有确定性的，那么我们可以界定一个运算 R，将其运用到任何选择问题上时，都能为我们提供一个理性选择。抽象来看，R 对不同行为者一定是不偏不倚的。如果你和我参与一个共同选择，我们每个人都可以使用 R。但如果我想要做出好的选择，那么就一定要考虑你会怎么选。因而，我的运算 R 中一定会包含一个输入因素，那就是你的 R。除却你的 R 是关于你的回报函数（而不是关于我的回报的函数）之外，你我的 R 应该是一致的。当然，你的 R 中同样要考虑我的 R。我的回报运算已经包括了你的 R，所以你自己的运算中也会包含你的 R。结果就是我们的函数变成了循环函数。有些循环函数能够完美运行，也许这里的也可以。然而不幸的是，在这个问题上，绝大多数作者实际上并未提出运算的内容，所以我们无法确定它们是否能够运行。海萨尼提出了 R 的具体内容，然而其中包含了这样的规定，即尽管我们所在的世界是不确定的，但它必须产生一个确定的结果。

如果我们缺乏一个理性的运算 R，那么我们在争论关于在一些条件下到底什么是理性的、是否符合基本理性的简单条件时，就会依赖于直觉且具有临时性。这实际上等于说，我们对这些问题的理解是不确定的。我们可以进一步断定，我们的理解之所以是不确定的，是因为在基本理性下，这些问题本身就是不确定的。想要理解这些问题，就要领会它们的不确定性。在许多条件下，用讨巧的办法来解决它们可能存在一定的实用性，但我们不能够进一步认为这些讨巧的办法是关于理性概念的基础。因为它们并非如此。

一个实用的理性选择运算，应该对他人的误解或不认同具有一定的包容性，因而至少在事实上，各人使用的是不同的运算方法。因此，它不具有确定性，而一定是权变性的，并且与任何更原始的理论（例如博弈论中的一些晦涩的解决理论）相比，它更接近普通人的理性。它总体上也会对看似开放式的关系更为包容，例如在核威慑全盛时期的美苏关系。

结语

在一个重复囚徒困境中，当面对军备控制倡议时，我也许会像一些美国总统以及他们的顾问那样愚不可及，我也许会顽固地拒绝放弃"总是背叛"的策略，不论你多少次试图诱导我做出其他选择。然而惊人的事实是，想要如此愚蠢，那你几乎一定得是一个理论家，因为无数的实验显示出普通人会做得更好（Ledyard，1995）。理论家在这里的固执，就像改换职业的律师在减少危险军备的努力中坚持极端的法律主义，从而采取将现有军备锁起、又引发新的军备系统扩张的做法来作为谈判筹码。固执的理论家和律师都缺乏务实精神，他们只追求缜密和一致性，却不想如何努力让生活不要更糟糕。确实，在重复囚徒困境中如此固执的理论家对理论的理解并不透彻，如前所述，很多最好的博弈论学者都坚持认为在重复囚徒困境中不应该总是拒绝合作，而使得博弈变得如此具有破坏性。

回想第一章中列举的面对不确定性的七种回应，其中三个已经被一些学者提升为理论。尤其是基数主义的、人际可加总价值的变体被边沁、海萨尼等很多其他研究者作为理论提出。也有一些研究者不顾现实中的不确定性，提出理论中需要有确定性的规则。这些规则的运用，尤其是在道德理论中的应用，已经被很多伦理学家视为根本的理论立场。显然，接受不确定性也应该被视为最基本的理论操作。在某种意义上，另外三种回应是一些实用的技巧。其中两种——霍布斯和科斯的反应——是作为实用主义的手段被发明的，而且它们在相关条件下都非常有效。事实上，人们可以说，它们之所以会如此有效，是因为霍布斯和科斯原本就致力于解决特定问题。他们的方法具有吸引力，因为对它们的要求适中，不能假定它们是集体选择的一般性解决方案。而对可加总基数价值理论的要求以及伦理学家对于道德规则的要求则非常高，因此也相当不可思议。

请考虑关于理性选择理论的两种看似相反的立场。一种由罗伯特·奥曼（Robert Aumann, 1985: 28, 29）提出，他说博弈论的"解的概念应该更多地根据其实现了什么，而非它是什么来判断；应该更多地考虑它在建立关系方面达成的成就，以及为社会过程的运作提供的有洞察力的见解，而非只根据定义来判断其先验的合理性"。另外一种是赖因哈德·泽尔滕（Reinhard Selten, 1985: 81）的回应："描述性理论需要与现实进行对照，而规范性理论则不能以实证去检验。对于关于理性的规范性理论，其合理性的判断应该考虑具备有说服力的、符合直觉的论点。"同样，理查德·杰弗里（Richard Jeffrey, 1983: 166）指出，关于偏好的贝叶斯理论是理论家所具备的，但行动者不一定会有。本书的议题不是以现实来检验规范性理论，而是关于设计人们面临现实时应该如何做的理论。

我们不具备确定性选择理论的理想条件。就此来讲，这种理论并不像视觉神经学理论，后者也不是行动者理论。理性选择理论不像视觉神经学理论那样是描述性的，而是规范性的。这意味着处理理性选择的规范性理论极为困难——确实，它基本上超出了我们所有人的能力范围，包括理论家的能力范围。在该理论中，还存在大量问题需要解决。重复囚徒困境的大部分解和海萨尼相对一般化的关于博弈的解的理论都属于第一章中列出的对不确定性的回应。除了默认不确定性的解之外，大多数重复囚徒困境博弈的解都明确是规范性的，从这个意义上看，它们更像是伦理学家对制定行为规则的回应，而不是理论家对试图在混沌中找到一条具有实际意义的途径的回应。

理性和均衡一样，它们在简单条件下具有清晰的含义，而在更为复杂的条件下，则需添加更为详尽的、临时的，并且很多时候是直觉性的附加条件。尽管最原始、最简单的意义是令人信服的，或者几乎可以说是不可动摇的，那些为了应对复杂社会互动而产生的越来越繁复的变体却并没有那么强的说服力，并常常会受到质疑。如前所述，哈耶克（Hayek，1948a：35）指出："当我们用它们（均衡）解释一些不同个体的互动时，我们实际上将这一概念引入了另一个领域，并默默地将完全不同性质的新元素赋予了这个概念。"很显然，这句话对于理性同样适用。一旦我们超越基本理性，就会在复杂的、充满临时性侵扰的迷宫中越陷越深。这其实就是我们所在世界的不确定性的一些方面。即使是对于中等复杂的博弈，包括固定次数重复囚徒困境，都不存在确定的理性策略。

　　请考虑解决长期固定次数的重复囚徒困境博弈的最后一种方法。一种了解选择何种策略更为明智的方法是回答这样一个问题：如果我想建立关于自己会采取某种特定策略的声誉，那么什么策略是有好处的？在存在潜在交换的合作条件下，选择拉波波特的策略对于建立声誉是有好处的，而建立一种自己会采取"总是背叛"策略的声誉就不太好了，因为这将导致其他人也不会与你合作。与在实验博弈研究中的条件不同，在日常生活中，建立这样的声誉通常是有可能的。同样，这并非一个确定性答案，因为确定性答案根本不存在。这最多也只能说是明智的，而达不到基本理性原则所指的理性的程度。这种明智，正是我们在社会生活中真正应该期望达到的。

附录：重复囚徒困境博弈中的确定性

　　在固定次数的重复囚徒困境博弈中，根据参与者具有的对称性，一项确定性理论给每个人的策略都必须是相同的。我们可以认为它允许混合策略，只要这些混合策略得到明确的界定。如果它提出在最终轮——一组重复博弈中的第 n 轮（$n \gg 1$）中要采取合作，那么任何一方违背该理论并在该轮中采取背叛，都会获得更大收益。类似地，假设在最后一轮，该理论提出要采取概率型的混合策略 $pC + (1-p)D$，其中 C 代表合作，D 代表背叛，并且 $1 > p > 0$。那么任何一方在该轮博弈中采取背叛，预期收益都会更高。如果理论提出的是在持续 q 轮合作（$n>q>1$）后的每一轮中都背叛，直到重复博弈结束，或是在第 $q-1$ 轮中采取合作加背叛的混合策略，那么任何一方在第 $q-1$ 轮中采取背叛，都能获益更多。这样一来，关于最后一轮中的策略，理论不能提出合作或合作加背叛的混合策略；只要有一次或多次背叛，它也不能对最后一轮之前任何一轮提出合作或混合策略。因此，它提出的只能是在每一轮中都进行背叛。

【注释】

[1] 我说"几乎"，是因为迈克尔·斯洛特（Michael Slote）并不认可。他认为如果我要在 A 和 B 之间做选择，并且在其他条件等同的情况下，我更偏好 A，我可能会理性地选择 B。这个观点被认为只是常识（参见 Slote, 1985, 1989）。

[2] 奇怪的是，塔克其实只是贡献了作为激励结构例子的囚犯的故事，此后，人们却通常将这个博弈的提出归功于他。这项博弈模拟了数百种情况，用这些名称中的任意一个命名都可以，但其中，"交换"比起任何其他名称都更具启发性、更为重要。

[3] 通过检验"总是背叛"策略、"针锋相对"合作 20 次后采取背叛的策略的相对收益，会很容易看到这一点。与在"针锋相对"策略下合作 20 次后采取背叛相比，"总是背叛"策略带来的收益要差很多。然而，部分"针锋相对"策略的收益要比"总是背叛"策略差。

[4] 在这样一项博弈中，可能采取的策略的数量大得惊人。在 100 次的重复囚徒困境博弈中，纯粹非权变性策略的数量就是 2 的 100 次方。非权变性策略指的是不受对方在过去轮次中的行为影响的策略。纯策略指的是在任何轮次中，都不涉及 C 和 D 的概率混合的策略，但总是要求每轮中若不采取 C，就一定采取 D。

第三章　互利

　　如果我们只能进行个人判断，不能对不同个体的福利进行比较或相加，那么似乎就变成只有个人理性了。然而实际上，我们可以进行加总层面的互利主张，就像第一章中所提出的，它的含义相当于加总层面的个人理性。在存在多方面微小差异的条件下，识别互利的难度甚微。例如，每次自愿性交易都是确保互利的操作。家庭也是一种常见的组合形式，能做其成员无法单独做到的事情，以及所有成员都具有更强偏好的事情。为很多缺乏协调就难以开展下去的活动创造秩序规则，通常也会使其中每个人都受益，例如，交通规则能够让交通顺畅运行，诸如合同之类的法律规则对很多活动能够进行约束。很多日常习俗都是通过协调人们的关系来实现互利的。如果常见的道德准则规制的大部分活动得到良好治理的话，那它们对相关的所有人都会有所助益。例如，讲真话这件事通常（虽然不是总是）会对说的人和听的人都有好处。

　　事实上，很多日常道德规则、支配我们生活的规范习俗在盛行之前，很可能是由某些个人或机构精心设计出来，并被论证符合我们的利益，因而应该受到支持和遵守，甚至不惜制裁那些违规的人，仿佛把它们视为处理人际之间"交通"的规则。对于很多信守承诺和其他共同规则的人们，甚至都不需要对违规进行规范性的惩罚，因为他们在维护规则上是利益相关的，并且非常清楚地知道这一事实，以至于仅仅是利益就可以构成遵守规则的动力。正如休谟［Hume，1978（1739—1740）：bk.3，pt.2，sec.5，p.523］所说，遵守诺言第一个必需的就是利益。如果调查一下我们的日常生活和许多较大的社会活动，就会惊讶地发现其中有如此大比例的互动是服务于互利的。严格意义上的序数功利主义会认可这些行动，认为它们能够促进福祉。

在许多这样的案例中，我们希望能够说服作为互动一方的你采取合作行动，因为这样做符合你的利益，这通常也是正确的。一些人可能会因此认为它们并不能完全被视为加总层面的议题。但这样的结论是错误的，因为它们涉及共同的行动、利益，或二者兼而有之。如果缺乏联合性，它们就无法对我们产生有利的结果，因而这些是加总层面的议题。你和我可能今天下午会去同一块地方散步，只为从中获得愉悦。但我们可能不会协调我们的行动，因此可以说这两项活动不存在共同性。在这个例子中，个人层面的利益就构成了故事的全部。然而，如果我散步是因为想与你共度时光，那么这就成为一项加总层面的活动，活动收益中的一部分也就带上了加总特性。类似地，如果我在曼哈顿的第五大道开车或是散步，我必须与无数其他人协调活动，或者，当我购买物品或参与某个真理在其中有重要意义的讨论时，行动的某些方面就必然具备加总层面的特征。

此外，我们能够在加总层面上比较这类活动中的一种与其他替代方案的价值。这种比较可以是严格定序的。在某种意义上，在进行集体偏好的决定时，我们无需计算该项活动中整体的收益和成本并与其他替代方案进行比较。我们可以用集合论中比较集合的方式来比较。我们把这些集合排列开来，一项一项地比较它们的数字。我们每个人都可以比较自己在一项共同活动中与在另一项共同活动中的相对收益，甚至可以比较共同活动与个人活动的相对收益。

显然，我们不可能期望所有这些比较的结果都支持特定的共同活动。有时，相比共同活动 Y，我更偏好共同活动 X，而你偏好的可能是 Y。但比起没有共同活动，我们可能都会偏好 X 或 Y 中的任意一个。[1] 到这里，我们可能会想要比较我们偏好的强度，以对我和你的收益进行基数比较。我在第四章中将会讨论，想要使这种比较看起来可行，要具备你和我相似性足够强、对彼此的了解足够多等条件——实际上相当于我们能够做出一致性的相关判断，这常常是符合现实的，例如在非常亲密和平等的关系中所呈现的。另一种办法是，我们想办法将一种共同活动与一种替代共同活动打包。我答应你之后会做 Y，作为交换，你今天要做 X。打包的办法简单地将我们彼此的利益延伸至更多共同活动，以便互利更容易被各方接受。但即使我们无法实现上述两种情况，我们仍然有共识，那就是不论 X 还是 Y 都比什么都不做要好，所以我们中的一方可能会让步并接受另一方偏好的方案。

社会秩序

现在让我们来讨论最宏大的协调——社会秩序，来了解被协调者的利益。对社会秩序最有说服力的现代理解始于托马斯·霍布斯。霍布斯关于建立或维持一个政府的核心论点是，政府带来了秩序，否则就是具有破坏性的无政府状态。在政府创造的秩序中，我们每个人都能够安心地为自己的资产投入努力、确保我们获得更大的福利，并且能够参与互利合作。首先，政府带给我们免受他人掠夺的安全，但正如霍布斯 [Hobbes，1968（1651）：chap.29，p.376（175）] 所写的那样，政府的重点不是 "单纯的维护，还有生活各方面的保障，每个从事合法职业、不存在危险或对共同财富的威胁的人，都应该获得这些保障"。

用我们的现在语言来讲，霍布斯的价值理论就是个人主义和序数主义的。霍布斯可能反感人际比较，这与 250 年后的帕累托是对立的，或者他根本没想到人际比较，他关心的仅仅是每个人生存状态的改善，并不在意某种加总意义上的整体改善。但在某一非常重要的意义上，他与帕累托的观点存在确确实实的不同。霍布斯并不是在静态的层面上，考虑通过自愿性交换我们已经拥有的东西来实现福利的重新配置和改进。他的观点是动态的，关注让我们拥有机会进行更多的生产，从而改进我们的福利。

显然，在从无政府状态向有政府转变的过程中，我们可能有很多可供选择的政府形式。其中一些可能对我来说更好，另一些可能对你更好。因此，尽管我们可能在原则上有共识，即这些政府中的任何一个都比没有政府好，但我们会在 "其中哪一个最好" 上存在争议。因而在从无政府向有政府转变的过程中，我们会面临巨大的不确定性。霍布斯用一个技巧解决了这一不确定性。他假设我们对各种形式政府的有效性知之甚少，无法确信其中任何一种与其他类型相比（在我们自身的利益方面）哪个更有优势。通过使用这种对社会科学知识的怀疑，我们得以避开在选择何种政府形式上存在的明确利益冲突。然而，霍布斯也认为，面对从现存政府转型到一个新形式的政府的高昂成本，这一转型所带来的任何福利都无法使这一转型合理化，至少对于进行变革这一代人来说是这样的。为什么？因为最初的混乱会吞没短期内产生的收益。在这里，他以一个过度自信的社会科学主张，来支持对当前政府的承诺。[2]

因此，无论我们是从无政府到有政府，还是已经处于一个有政府的状态，我们都面临着一个简单的协调问题，即达到或保持一个大家普遍偏好的状态。我们的选择是一个互利问题，这也是个人利益的集体体现（完整阐释参见 Hardin 1991）。

霍布斯观点的一个显著特点是，它是对整个事物状态的相对评估：一种政府形式下的生活，与另一种政府形式下的生活或完全无政府状态下的生活的比较。霍布斯认为，改革的尝试带来的革命和无政府的风险太大，以至于无法以我们认为改革所带来的好处合理化［Hobbes, 1968（1651）: chap. 30, p.380（177）］。实际上，我们面对的绝大多数政府决策，只会给我们目前的状况带来微小变化。很多政府决策甚至称不上改革，即使那些被称为"改革的"、给事物状态带来深远影响的改变，看上去也没有带来血腥革命的风险，就像 1989 年那场急剧却相对和平的变革。我们可以认为，在日常政治生活中，那些改革或更为次要的决策，给我们现有政府的总体形式带来的仅仅是一些边际变化，推行这些决策并不意味着我们会有全面崩溃的风险。

事前的互利

有一类随机性的政策选择，在事前可以认为是服务于所有人的利益，因而它们是互利的政策。这类政策的一个格外精妙的例子是广泛的疫苗接种，例如天花被根除之前的疫苗和脊髓灰质炎的疫苗——脊髓灰质炎在很多国家已经被彻底消灭，并很快会在全世界被根除。[3] 人们可能会认为，可以通过成本收益来论证这些计划的合理性。然而，正是因为它们有利于互利，所以除了证明疫苗开支这个细节问题的合理性之外，不需要再进行成本收益分析。这一案例中，收益远大于成本，并且几乎可以惠及每个人，因而几乎没有人认为不应该支持这项政策。确实，绝大多数的美国人和欧洲人认为支持第三世界的防治脊髓灰质炎运动能够给自己带来收益，这一收益远超过为防治运动提供资金的投入，所以他们欣然愿意为了自己的利益付出少量的成本。我们可以忽略这些微小的成本，而将注意力放在国内接种期间疫苗计划会带来负担的随机发生率。

很容易对此项目进行精确计算，因为它实际上可以被当作在个人层面依据个人回报进行的选择。[4] 你想要为自己的女儿接种疫苗，尽管疫苗某种程度上存在让她患上脊髓灰质炎的风险。接种风险被认为远远小于不接种并患上脊髓灰质炎的风险。这样我们就可以采纳接种疫苗的政策，甚至可以要求只有接种疫苗后才能获得特定的公共服务，例如公立学校的教育，因为这符合所有人的利益，就如同它符合你和你女儿的利益那样。这不是加总主义的主张，而仅仅是序数主义的主张。这个主张适用于总人口中的每一个人，因而我们的计划是互利的，至少事前是互利的。

但当我们的接种计划开展后，会出现一小部分儿童因为接种疫苗而患上脊髓灰质炎。因而，这样的事情发生后，我们不能说疫苗接种是符合他们利益的，因为如果不接种，他们不会患病。（若是使用萨宾脊髓灰质炎疫苗这种虽然减活但依然是活疫苗的疫苗，想要完全杜绝因接种疫苗而患病的风险是不可能的。）但我们事前就要采取行动，而非事后，只有采取行动才能证明实行政策的合理性。对你而言，让女儿因接种疫苗而患上脊髓灰质炎的预期成本，依然远低于让她不受保护的预期成本。

疫苗接种政策之所以是互利的，是因为我们无法事先知道谁会成为其中的失败者。因此，政府就相当于是基于不充分理由原则行事，并且认为它无法在事前将公民和政策目标区分开来。例如，这个例子也说明所有人的利益基本相同，都希望能够降低患上脊髓灰质炎的可能性。如果我们能够将这一利益模式与不充分理由原则（确定哪些人会在事后付出沉重的代价）相结合，那么政府就可以采取互利的行动。表面上看，人们可能会觉得这个结论奇怪：事前评断特定政策效用的能力提高，一定会造成很多政策冲突更为突出。知识会带来伤害。但事实上，一些团体会定期动员起来，试图阻止那些会使其利益受损的政治决策。

在结束疫苗接种这一案例的讨论之前，要注意，天花疫苗接种的策略结构是尤其可怕的。尽管在各地的人群中，天花都已经被根除，但不幸的是，它对人类产生影响的可能性并未完全消除。它只可能出现在人类身上，野外已经不再有任何天花的来源。但仍然存在两处甚至更多保存这一致命病毒的地方，这存在一定风险。很少人对这一疾病有持续的免疫力，因为大概从接种疫苗（疫苗免疫是通过牛痘病毒实现的，它是一种类似天花但毒性较低的病毒）后十年开始，免疫力会在若干年后慢慢消失。如今甚至很少有医生能识别出天花。根除这个疾病的一个致命的副作用是根除了对它的免疫。例如，大多数美国人和欧洲人，最后接种或加强疫苗的时间已经是二十多年前了，而年轻人则从未接种过。另一个副作用是不再保存疫苗以及制造疫苗的设备（传统上，疫苗是通过刮擦感染牛痘的牛的皮肤内侧来获得的）。因此，即使是被保存的病毒的轻微泄露，也可能引发世界历史上最具破坏性的流行病，会有数亿甚至数十亿人在完全知悉自己命运的情况下，以最可怕的方式，在极度痛苦中死亡。[5] 因此可以想象，在活着的人口中成功根除这一疾病可能会引来最可怕的结果。

唯一可能包含最好结果（永久消除天花）的策略，却会在其可能结果中包含最坏的后果：人类可能遭受的最严重的伤害。这种伤害是根除该疾病的风险。在一个与他人进行策略互动的世界中，这是可以想象到的关于选择和行动本质的最糟糕的例子，而这样的世界是人们唯一可能生活的世界。从可能性的变动范围来看，这里的实际政策选择会让人联想到大规模核威慑政策。如果政策奏效，世界将保持和平；如果失败，世界将会毁灭。根除疫病和核威慑政策本质上都具有一定的随机性，可以预期的真实结果中既有最好的，也有最坏的。我们在核威慑的选择上很幸运，但我们在天花根除上的命运尚未可知。在这两个例子中，随机不确定性和互动中行动的复杂性都可能产生毁灭性的严酷后果，但也有可能产生非常好的结果。这样的事实证明很多简单的哲学行动理论是有误的，它们将行动暗含在结果中，就像说我为了产生亮光而打开了开关。

制度与政策选择

现在，让我们分以下两个阶段运用疫苗接种案例中所得出的结论：政策制定阶段，以及设计以何种方式制定政策制度的前制度阶段。在理想的疫苗接种案例中，如果满足两个条件，我们就可以像霍布斯理论处理社会秩序那样，设想出类似的事前论点来建立能够解决我们的问题的主要制度。在其相当抽象的讨论中，霍布斯本质上满足了两个条件：一是所有公民利益相似，二是在新的政府实际运作前无法判断自身命运的不充分理由原则。这是政治思想史上最有才华、最有成效的见解之一，尽管其力量常常未能得到应有的重视。

在这里，我想要关注霍布斯问题的一个不那么全面的版本，关注政府的一些特定制度，而不是其本身。事前，我们可以提出互利的论点，以创设一项制度来处理一些重要议题。考虑以下例子。

普通法

一个普遍的说法是，普通法具有诸多价值，其中最重要的是解决当前案件，并为未来行动建立规则。为了继续我们的生活，我们需要解决冲突。我们需要法律规则，让我们在行动时有信心不会受到法律攻击，以便理智地、安心地投入我们的项目和生活。

在普通法中，当新的条件下出现一个案件时，法官所做的实际上是建立规则，来为将来人们的行为提供指引，并按照这一原则来对待诉讼当事人，即这些规则在当事人行动时就已经存在了。这同时实现了普通法的两大价值。在刑法中，让当事人事后对一项新的规则负责是会遭到反对的，但在民法中，这十分必要。在刑法中，我们对新的罪行进行界定，并针对新的犯罪行为规定新的惩罚，但我们这么做的同时，并不会将这些惩罚施加在那些让我们有理由修改该项法律的人身上。违法者不会受到新的惩罚。在民法中，控告双方都会被撇在一边，直到新的规则被采纳并运用到该案件中。

显然，在一个民法案件中，诉讼当事人中的一方可能会因为新规则的确立，而在案件中成为彻头彻尾的输家。尽管我们的整体结论是建立规则优于没有规则，不论建立什么规则，我们都要解决当前的争端。如果当前案件中诉讼双方的处境相似，从长远来看，相对于其他规则，他们都会期待从某一种规则中收获更多，这样我们可以很容易地认为本案的解决对双方都是有利的。[6] 但是通常我们会得出结论：与其他规则相比，实际的判决会使诉讼中的一方成为纯粹的输家。

人们可以为普通法逐案辩护，认为在人与人之间进行福利比较是正确的，而服务于互利则不是。它所依据（也许只是隐含）的观点是认为一些当事方的损失能够被其他当事方的收益所抵消。然而，与霍布斯支持政府存在的辩护相类似，人们可以合理地提出，相比没有解决方案，如果对案件有明确的解决方案，那对所有人都有好处。因此，普通法或民法都事前服务于互利，尽管人们不能说某个特定决议的各项细节会改进每个人的效用。对于普通法的规范性辩护一定是基于其改善性的，而且是事前互利的意义上的改善性，而不是指在直接作用于个别案件的独立标准上，它是道德正确的。

刑事司法

作为第二个案例的刑事司法系统更为复杂。从随机的角度看，我们会非常清楚地知道这个系统不可能完美运作，最近，在美国出现的许多死刑犯的无罪证据就证明了这一点。[7] 当然，在分析或抽象层面，许多人早就知道这个问题的存在，尽管对于这一问题的规模，他们缺乏证据，知之甚少。这其实是一个逻辑问题。如果我们建立一套惩罚罪恶的系统，那它可能有时会出错，给无辜之人定罪。如果这个系统制定得十分严苛，那它出错时也会非常严苛。我们设计这样一项制度，实际上只有在让更多无辜者被定罪的前提下，才能确保它能够惩罚绝大多数犯罪者，然而，我在事前可以认为，我作为无辜者被判定有罪的可能性很小，并且类似疫苗接种案例中的情况，我成为一项重罪的受害者的可能性却很大，而如果惩罚更加确定且更为严厉，那我成为受害者的可能性就会大大降低。（在这些假设上我可能是错误的。）如果公民通常和我有着相同的利益考量，他们会强烈支持建立一项更为严苛的惩罚体制。

然后，从讨论疫苗接种转到讨论司法公正，我们可以以某种方式改变事前知识条件。比起其他人，一些公民可能会认为自己有更大的可能性作为无辜者被定罪。根据最近披露的事实，在美国，黑人男性尤其容易被误判，特别是在刑事案件中，其中又以强奸为典型，他们自己其实根本不可能认罪，却被误判。因而，我们和我们中的一些其他公民事前就知道，在这项制度中，大家的利益并不完全是一样的。此外，政策制定者所知道的也远比不充分理由原则所允许的要多。因而，在互利的基础上使得疫苗接种变成一种简单政策选择的两个条件，在惩罚体制中都无法得到满足。相对于没有刑事司法系统或是一个非常薄弱的刑事司法系统，这样的系统也许可以仍被视为事前互利的。这是霍布斯和塞缪尔·普芬道夫 [Samuel Pufendorf, 1717 (1672): book, chapter 2.2, p.105] 的观点，塞缪尔·普芬道夫写道："对于大众针对文官国家带来的负担和弊端的抱怨，没有比让他们看到如果没有这样的国家会是怎样的状态更好的办法了。"[8] 但对于一些人而言，它会带来的好处更多，他们也会更愿意承担建立这样的系统所带来的不成比例的成本。[9] 这些成本中有一部分是残忍的，那就是错误的判决。

国富论

斯密的国家财富理论同样是关于增加所有人财富的事前理论。不幸的是，比起霍布斯的理论，斯密的理论真正涵盖每个人的可能性要更小。霍布斯有意且公开地将不以生存和福利为最高价值的那些人排除在外，尤其是将宗教狂热者和荣耀追求者排除在外。宗教狂热者愿意在现世加入苦难，以确保遵守某一信条，或换取想象中的来世。霍布斯所指的荣耀追求者是保皇派，他们主动享受战斗和战争，视其为浪漫的英雄主义人生。在霍布斯看来，在 17 世纪内战中，正是宗教狂热和为荣誉而战几乎摧毁了整个英国社会和大多数英国人的福利。在《利维坦》的最后一段中，霍布斯［Hobbes，1968（1651）：conclusion 728（395）］指出，这部作品是由"当前的混乱局面所引起的"。

斯密在其叙述中，基本没有提到那些被排除在经济变革之外的人们的生活。通常，他们并不仅仅是没有从中获益，他们甚至失去了曾拥有的大部分东西。历史上农业的衰落，造成的是无数农民和家庭从仅能维持温饱的悲惨境地沦落到生活无以为继的绝望境地。

很多东方阵营的国家在 1989 年向市场转型，在此过程中许多人陷入贫苦，没有退休金，也没有之前能够至少保证最低生存需要的国家补贴，食物和住房成本大大提高，自己工作所在的产业和公司也在国际竞争中濒临破产。如果能像脊髓灰质炎疫苗接种计划那样有预期收益，让这个国家中的每个人从低效的、落后的经济中转型，进入一个开放贸易的市场中工作，那我们可以清楚地认为这样的变化是互利的。不幸的是，50 岁以上的人会成为这场变革中典型的受损者。事前，这些变革听起来很美好，但这些人中有很多会非常确定变革带给他们的会是痛苦。因而，事前变革并不具备带来预期收益的吸引力。

这并不意味着转型政策是错误的，甚至不能说明政策在操作上存在问题。根据通常或更高的政治标准来判断，即使转型被处理得很好，它们还是会让很多人付出代价，并且事前就能看出来哪些人会付出代价。让这些人免受痛苦的唯一办法是为他们提供补贴，这些补贴会抵消大量甚至可能是绝大部分转型带来的收益。如果为弥补过去的方式而进行这样的补贴，转型就会背上负担，持续的时间也会大大延长。例如，用转型的收益来维持那些工作只能自给自足的人们，就意味着减少对新的生产性企业和更有价值的人力资本发展的投资。因此，对这样的转型进行论证，至少粗略地看，其内在是在论证人与人之间可加总、可比较的福利，其中一些人的损失会被另一些人的收益所抵消。斯密最初为自由市场和重商主义的终结进行辩护，与互利的观点很接近，但从计划经济向市场经济的转型，不能单纯被视为互利之举。

社会契约

关于事前选择制度，在选择政策的理论中，社会契约论可能是最受追捧的了。具有讽刺意味的是，社会契约传统理论的最早贡献者之一就是霍布斯。他用一只手收回了另一只手所写的理论。他承认社会契约论的两个核心缺陷。首先，从来不存在这样的现实案例。其次，即使确实授权我们中的某个人为主权者，我们也没办法让这个选择约束我们服从这一主权者，他也就无法具备强大的权力，成为霍布斯所说的维持社会秩序所需的主权者。（Hobbes, *De Cive*, bk.2, chap.5, sec.11, p.90；详见 Hardin, 1999d: 146—148）。因此，霍布斯认为，现实中所有政府都是通过武力篡夺或征服来建立的。尽管大多数社会契约论的主要观点都是证明政府及其权力的正当性，以及服从政府的合理性，但霍布斯非常清楚"世界上很少有这样的共同体，其起源可以经过良知道德的考验"，并且，他认为主权者权利的正当性不是由征服来证明的，而是由征服后的执掌政府来证明的 [Hobbes, 1968（1615）: p.722（392），p.721（391）]。

也许最有影响力的、看似真正相信社会契约论的哲学家是洛克 [Locke, 1988（1690）]。他之所以如此重要，根本上是因为他不像霍布斯那样认识到了这个比喻是多么空洞。洛克没有领会到，将权力简单地移交给一个完全由契约缔结的统治者或政府，本质上是多么不可思议。此后，契约论的传统基本上跟从的是洛克，而非霍布斯。确实，即使是在论述霍布斯的观点时，学者也倾向于以洛克来解读他，并且学者会关注他表面上关于政府的契约论论点，通常将其视为规范性观点，而非人们如果有可能的话会如何理性行事的故事。奇怪的是，自从霍布斯认识到这个问题是不可克服的之后，契约理论文献几乎没有为我们增进对政府的理解做出任何新的贡献，因而洛克对此的忽视，现在倒成了传统理论的常规构成。

霍布斯的故事提供给我们一个解释，即为什么我们会认为拥有一个有权力维持秩序，并且制定可能并不服务于互利政策的政府是互利共赢的。他将世界严格区分为两部分：一是制定制度的事前选择，另一个是在这些制度框架下制定政策的事后选择。尽管他认为我们的政府不是通过契约，而是通过征服成立的，但他仍然认为可以做这样的区分。之后的契约论文献倾向于将契约主义简化为一项理想化的理论——一种仅依赖于我们达成共识的理想化理论可能没那么理想，并且在任何情况下都有可能并不存在什么历史性含义。因而，现在契约主义的基础通常是理想状态下人们会或应该会同意怎么做。

到目前为止，这一发展的局限性在于认为我们能够通过直觉找出一些事物，而同意它们是"理性的"（Scanlon，1999；Barry，1995）。奇怪的是，在这一点上，理论已经无需区分事前制度选择和事后政策选择（可以进一步参见 Hardin，1998c）。不管内容是什么，二者同样受到理性标准的制约。因而，这一点上人们忽视了霍布斯的出色见解，这种忽视自洛克以来常常出现。这并不必然是这种理论的结论，它与罗尔斯（参见本书第七章）、边沁和制度功利主义者（参见 Hardin，1988：chaps.3 and 4）一样，可以认为我们需要两阶段的理论（本书第八章会对此进行特别讨论）。为当前流行的协商民主辩护的论点，也同样忽略了霍布斯的见解。事实上，对主张进行协商，并详细说明协商应该如何运作的努力，是躲避策略不确定性的一种方法，这种不确定性摧毁了达成严肃共识的希望，即使运气不错，能达成的也只是一些一般性的原则、制度、法律，或许还有一些偶然的政策选择。因为大部分支持协商民主的论点都集中在政策选择，而非制度选择上，因此政策选择所涉及的利益是十分有限的（详见 Hardin，1998b）。

政策

　　假设我们有一个政府，从互利的角度来看，它的建立是有意义的。现在这一政府必须通过制定和实行政策来治理。很少存在能与巧妙的接种疫苗政策一样，直接实现互利的重要政策。很多政策的制定会明白地显示出其中一些人会获利，但作为代价，另一些人则会受损。如何证明这样的政策的合理性呢？部分答案是，当我们建立会以某种方式行事的政府时，就已经将它们合理化了。在那个时间点上，我们所有人都可能受到不充分理由原则的制约。事实上，我们甚至可能希望有这样一个政府，一就位就开展成本收益分析，公开将负担置于一些人身上，从而为其他人提供利益，比方说通过征兵，比方说通过服务于一些穷人、大多数富人、大多数儿童、许多公司、全部政客等各种人群的一整套的福利计划。这是我们都会选择的政府形式，尽管对于任何具体政策，我们都很少或几乎根本不会认为它们是互利的（Buchanan and Tullock，1962；Brennan and Buchanan，1985）。

　　这部分类似于詹姆斯·布坎南（James Buchanan）与其合作者在多个作品中的观点。他们认为建立政府和宪政秩序的共识标准，要远高于在该政府下采取某项政策的标准。例如，他们认为用绝对多数投票来决定我们是否要用绝对多数投票原则来决策是十分奇怪的。但与布坎南和他的同事不同，我并不是要对我们应该如何去做这样的事情进行规范性论证。相反，我想指出的只是，我们很容易事前在制度结构上达成共识，可以认为是依据不充分理由原则在行事。或者更广泛地看，事前制定制度来做一些无法单独被证明是互利的事情，本身就是互利的。对于布坎南和他的合作者来说，产生宪法时忽略宪法会对之后利益产生何种影响，同样是一个重要的考量，但它主要是在他们的规范性主张中起作用。就像在霍布斯的理论中那样，在这里的讨论中，它的主要作用是界定互利和个人利益的集合，没有进一步的规范性主张。

　　那么之后，如果因为某项政策给某些人带来利益的同时让其他人负担加重,对其进行抨击有错吗?没错。在政治辩论中,主张政策立场的做法很少会是错误的。在这样的辩论中,甚至可能会有人说我们永远不会认同一个做这种事情的政府,尽管我们中的绝大多数人可能认同的就是这个政府。似乎难以想象,一个真正让社会相对良好地运转的政府在治理时,不会制定出一些无法满足互利要求的政策——这里就显示出了理性的不确定性。

霍布斯甚至无法设计政府的第一阶段,以满足对所有人而言的互利——在他所处时代,他只能将他的状态和内战的严酷状态进行比较。人们不免要问,一个明智的、已经掌握权力一两个月的领导者,比方说卢旺达的领导者,为什么会不愿请一些外部机构来治理这个国家。据推测,卢旺达人不会接受比利时政府,甚至也不会接受法国政府。但是,至少对于下一代而言,哪怕一个大型国际公司或是一个能力中等水平的其他较大国家的政府,都会比当地政府做得更好。

考虑之前讨论过的接种疫苗的例子。在美国,萨宾脊髓灰质炎活疫苗注射中,每56万个初次接种的人中会有一个人因此患上脊髓灰质炎(Roberts,1988)。但是,这种疾病是典型的需要人类携带者作为载体的疾病,我们只要通过为大到一定比例的儿童进行接种,就能够极大地降低感染数量。只要有一定比例的人群接种疫苗,疾病就无法传播。(这就是根除天花的真实情况,因为邻近天花感染者的每个人都被隔离,并且接种了疫苗,这阻止了疾病的传播。该疾病的传播完全要靠吸入带有感染者呼出的病毒的空气,或是带有病毒的气溶胶沉积在开放疮口或黏膜上。)

现在我们事前就可以说,只为例如70%的儿童接种疫苗,就能够实现所有儿童的互利。那些接种疫苗的孩子比起没接种疫苗的孩子要面临更大风险。尽管确定比例仍然是关于互利的,但实践中选择谁接种疫苗不再是一个互利的问题。(当然,对于那些最终感染脊髓灰质炎病毒的儿童,这也不是事后互利的。)

选择为哪些儿童接种疫苗,具有典型的成本收益分析特征,在其中要权衡为所有人带来的收益与为所有人带来的成本,尽管其中可能会有完全的获益者和彻头彻尾的受损者。在美国,人们会因为自己孩子的疾病起诉疫苗制造者（参见 Sun, 1985）。更为合理的计划应该是建立公共基金作为对受害者的赔偿的来源，因为他们是由于公共强制计划而受到伤害的。如此一来，事前成本与事后成本的差距就不会那么大，而传统上二者相去甚远。然而，很难想象会有很多人是因为补偿的承诺才让自己孩子接种疫苗，因此人们可能会期望开展疫苗接种计划的官员不要去宣传这样的事实，比方说，镇上的儿童中只要有一半接种疫苗就能够保护所有孩子。让人们一无所知可能实际上是互利的，这个说法听起来很反常。但在这个案例中，认识论上的不确定性能使政府采取最为有利的行动。（当然，这里的不确定性，并不是来自策略互动或对理性选择假定原则的不确定性，而仅仅是知识上的不确定性，尤其是大众知识的不确定性。）

在许多情况下，甚至很难想象一个能够替代成本收益分析的方案的存在，例如在道路选址的问题中，尽管完全的受损者会得到补偿，或用法律术语来讲，他们的亏损会得到弥补，但是，出于明显的原因，即为了获得好处而对偏好进行策略性误导的问题的存在，对成本收益的评估通常应该按照某种固定程式开展，而不是个性化的。因而，标准补偿不会令所有受损者都满意。就像在霍布斯关于政府的观点中所指出的，对于公共项目，建立未雨绸缪、程式化的成本评估系统，在原则上和从事前来看，都是互利的。但在任何特定情况下，这样的系统都不大可能实际运作。

结语

认真对待不确定性，将其视为一项基本假设，有助于解决许多问题。在第二章中，我给出了关于重复囚徒困境的解决方案的论证。更重要的是，我认为霍布斯是在以不确定性为基本假设的基础上建立起他的社会秩序理论的。这一假设引发了他关于政府的两阶段理论：我们先从互利的观点出发，论证政府在解决许多具体议题和制定政策上的价值。接下来，在第二阶段中，政府运用各种手段，包括福利的人

际比较的假设，来建立和实施政策。单纯考虑成本收益分析本身，我
们对其可能会有形而上和规范意义上的反对，但这并不会影响我们在
两阶段理论中实际运用它的实用主义偏好，这些会在本书的第四章和
第八章中加以说明。

我将在第八章中更全面地讨论其中的一些制度议题。而现在要注
意的是，霍布斯有意识地、特意提出这些议题中明显存在的不确定性，
从而解决了政治秩序中的最大问题。在霍布斯之后，没有人再提出更
好的解决方案；事实上，相比此后关于政治秩序的大多数作品，霍布
斯的研究都更为高明，因为此后的作品在这一核心的、界定性的议题
上，没有提出更有洞见的看法。霍布斯所做的可以被定义为对政治的
现代理解的开端，它尽可能将政治秩序建立在个人利益之上，而不以
特定的规范性承诺为基础。

在下一章中，我将讨论一种在解决不确定性方面没那么成功的手
段：基数的、人际的福利比较。尽管这种方法的基础是以福利为基本
利益，但它更接近纯粹的规范性。接下来，在第五章中，我会以一个
运行中的法律和政治秩序为背景，讨论边际问题的解决方案——这种
解决方案简单地接受了人际比较中存在的不确定性，但仍然允许有互
利的结果。本书的第六章和第七章将讨论一些在应对不确定性上更不
成功的努力，特别是在规范性条件下开展的，基于道德准则和分配正
义理论的手段。

【注释】

[1] 在早期博弈论中，经常出现一些愚蠢且幼稚的设想，这套偏好构成了一项被
    称为"性别之战"（battle of the sexes）的博弈，即丈夫偏好今晚去看歌剧，妻
    子则偏好看摔跤。但双方都更希望能够共同行动而非单独行动。这个互动的
    策略结构其实不需要这种愚蠢的标签，它本质上代表了不平等的合作：博弈
    中双方通过合作都能够获益，但某程度上其中一方会获益更多。至于拥有
    糟糕名字的"囚徒困境"，该博弈本身代表了简单的交易，是具有根本重要性

和普遍性的互动，却用了一个相当琐碎的互动做标签。但是可爱的名字似乎更容易流传下去。

[2] 用他的话说，"那些不服从的人只是想改革国家，却发现他们实际上破坏了它"[Hobbes，1968（1651）：380（177）]。

[3] 截至目前，除了十个国家以外，其他所有国家都已经实现了在野外消灭脊髓灰质炎病毒，每年新感染的病例数也从世界卫生组织开始实施脊髓灰质炎根除计划的 1988 年的 35 万例，下降到 2001 年的 500 例［ Science，297（12 July 2002）：163 ］。然而，最近研究者使用化学代码创造出了脊髓灰质炎病毒，并将配方发表在公共的数据库中。这项成果可能会扰乱世卫组织的计划，原本的决定是一旦在野外消除脊髓灰质炎，就停止免疫接种（Couzin，2002）。

[4] 这一假定后面会不成立，因为出现了很多复杂考虑。

[5] 存在很多解释。可能最生动的要数 Preston，1999。当前关于病毒储存的政策状态，参见 Shalala，1999。

[6] 在商法中，这种假定可能通常是有效的。但在侵权行为法中，这种假定就不太成立了，因为有些人可能永远都不可能施加某种特定伤害，只可能作为受害者出现。例如，那些很少或从不开车，却时常会作为路人面临车辆带来的风险的人，与那些经常开车的人，在某些关于车辆交通的特定责任方面，所面对的处境是不同的。详见 Hardin，1996。

[7] 关于这一问题的总体说明，参见 Dwyer，Neufeld and Scheck，2000。关于特定案例的解释有很多，可参见 Lovinger，1999；Firestone，1999；Thompson，2000；Dickey，2000；Clines，2001。但 DNA 检测也可能是有误的（Pollard，2000）。

[8] 霍布斯简单地指出："在任何政府形式下，相比伴随内战而来的苦难和可怕灾难，一般人可能遭遇的最大不幸也几乎是微不足道的。"[Hobbes，1968（1651）：chap.18，p.238（94），p.260（107）]

[9] 一般认为，在美国，公众强烈支持警察采取强硬行动，不论他们是不是在逮捕有罪的人去接受审判（参见 Bruni，1999）。

第四章　最大总和

　　序数福利的问题在于，它常常带给我们不确定性。事实上，在一个大型的多样化社会，它让公共政策几乎是完全不确定的。只有在像没有复杂状况的接种疫苗这种初始问题中，我们才能期望有可能设计出对所有人都有利的政策。例如，破伤风疫苗基本上只会给接种者带来益处，而未接种的个体仍然会面临风险。那么，能够降低这种疫苗成本的计划对所有人都是有利的。如果我们有基数的、人际可比的价值，那么面对两个政策选择时，我们就可以通过简单计算和比较效用总数或其他价值，找出哪一个政策能够更好地提升事物状态并将其付诸实行。在 19 世纪，经济学家和功利主义者通常会假设有这种基数的、可加总的效用。这似乎比早期的一些设想——例如霍布斯的思想——有了进步，因为这样一来就可以进行简单的计算，至少原则上是这样的。

　　通常，可加总效用的假设与效用是客观的假设是结合在一起的，即认为对于事物的好坏可以进行固定测量。在 19 世纪下半叶，价格理论的发展破坏了价值是客观的、外生于主体的观点。比方说，任何特定商品消费带来的边际效用递减的观念，就说明效用在某种程度上是主体的效用，而非客体的效用（Stigler，1982）。但是，一旦效用被视为主观的，那它看起来就明显是个人主义的，变得不可加总。所以，即使我能够很好地告诉你，我是如何对不同状态选择进行排序，但对我而言，如何为这些状态给出基数的、可加总的测量仍然是不清楚的——因为它们可能是相互排斥的状态，无法加总在一起。

杰里米·边沁试图通过比较每种状态下的效用总数，来解决对社会状态的评价中存在的不确定性问题。他假设，每个个体的效用都可以以基数形式来测量，不同人的效用可以进行加总。在赋予每一事物状态基数的、数字度量的效用价值时，我们事实上创造了一组用于比较的数字。如果有一个有限的集合，包含了要比较的各种事物状态，那么其中就一定会有一个状态最大的元素，或一组数值相同且都是最大的元素。在对可能的结果进行排序时，还是会存在微小的不确定性，因为可能有两三个结果有着同样的加总效用。但这个问题对于社会状态排序而言并不严重，与在完全的序数互利原则下，一些更一般性的排序中的不确定问题相比，这里也不存在不完整的问题（参考第三章中的讨论）。

倘若有多个具有相同最大价值的结果，边沁基于基数的方法也只能帮我们决定什么是最好的总体结果，而不一定能确切告诉个体应该如何选择或如何行动。首先，要注意边沁的解决方案可能违反互利的假设，因为，例如，我在当前状态中的效用可能高于我们建议的状态，但按照总体效用排序，后者的位置可能更高。因而，福利基数化无法解决策略互动的问题，这是理性选择在个人层面的不确定性问题。

然而，假设我们都是功利主义者，我们最感兴趣的是最大效用总和，其次才是我们自己的个人结果。边沁的做法能够让我们都从效用总和最大的结果中确定选择吗？不一定，因为可能存在多个能够产生相等效用总和的个人选择模式。其中某些会对你有利，而另一些可能对我有利。想要得出最终结果，就需要借助某种方式，这种方式本身并不是效用计算，但能为我们每个人分配策略选择。这可能是一个随机化方法，或是政府任性的决策。因此，效用标准，即使是人际可比较、基于可加总基数效用的效用，也不会是确定性的。

在从霍布斯到罗纳德·科斯等当代研究者的序数思想发展路径中，边沁关于效用在个人之间可以以基数方式加总的假定很不寻常。在一些条件下，例如在风险决策（参见 Arrow，1973：250，256）中，边沁这种关于个人基数效用的思路仍然具有一定的吸引力，而效用的人际比较在很多条件下具有相当大的吸引力。例如，对于任何进行政策建议的经济学家和社会科学家而言，人际比较是普遍的假定，尤其是在成本收益分析中，它还被夹带进法经济学的标准处理方式中。成本收益分析显然是假定人际比较的存在，即通过加总每个人的收益，再从中减去每个人的成本，来进行政策评估。接下来，我会讨论理查德·波斯纳（Richard Posner）关于法律裁决的财富最大化原则，他也做了类似的假设。但是，对不同人的效用进行精确加总的严格观念，目前主要是帮助我们更明智地厘清什么值得关注、不应该采取什么办法。不过，由于粗略的人际比较在某些条件下是有用且具有说服力的，我们可能会接受边沁价值理论的一个变体，这个变体能够结合序数主义和粗略的人际比较。

这里要插入的是，回顾标准的边沁主义公式——我们应该追求"最大多数人的最大的幸福"，这需要让两个明确独立的函数达到最大化，因而完全是矛盾且无意义的。这个明晰的事实没有阻止人们引用这个公式。但这并不是功利主义理论一个可信的构成部分。[1]然而这一点并不是当前我要讨论的议题。实际上，边沁更常讨论的只是最大幸福原则。

对边沁主义效用的进一步反对指出，这种效用要求一个固定点，即一个零效用水平。序数主义者拒绝这种可能性，认为它毫无意义。他们会进一步认同很多研究者所主张的心理学观点，即我们并不是生来就有对善和价值的标准。例如，最早关于价值的序数主义观点之一来自休谟，他认为［Hume, 1978（1793—1794）: bk. 3, pt. 3, sec. 2, p.593］只能通过比较，而不是根据事物固有的价值来评估价值。[2]他的说法可能仅仅是心理学主张，但似乎是基于这样的假设：我们只能理解比较排序，无法理解事物固有价值。这似乎也意味着我们一定是边际主义者，我们无法对事物状态进行整体评估。但它并不成立，因为我们能做霍布斯所做的判断，霍布斯做的是严格意义上的比较判断，即几乎对所有人而言，有政府总比暴力混乱要好。因而霍布斯与其他序数主义者都不要求我们建立一个零点或关于事物状态有多好的测量标准。事实上，对于任何关于互利的边际或整体的主张，我们都能够通过建立一个集合论来进行比较，比较每一个个体在一个状态下与另一个状态下的情况。

边沁理论并不是唯一一个基于基数和人际比较的价值理论。另外两个理论会极大地简化我们对世界的描述——如果它们奏效的话。这两个理论一个是劳动价值理论，另一个是价值最大化理论。二者都是某种意义上的资源理论，所以我们不会预期它们受到主观复杂性和基数效用理论的影响。然而事实上，劳动价值理论并没有产生成效，因为它最终无法适应主观效用理论，因为它最终是关于通过物品价值来满足需求的。价值最大化理论也没有承担起这个责任。如果这两个理论中有一个是可信的，那么就像使用边沁基数的、可加总的、人际可比的效用那样，我们能解决明确的不确定性。这里还要进一步讨论一项关于基数效用的主张：约翰·冯·诺伊曼对个人效用的基数化（参见第四章附录）。因为它不支持人际比较，所以这一基数化理论并不能解决不确定性问题，而其他基数理论如果是可信的，则可以解决不确定性。这里不对其进行讨论。

主观的边沁效用

在一个交换系统中，你和我会通过交易各种物品来提供我们各自的福利。对我而言，我给你的东西比我从你那里换回来的价值要少。最终结果是我们两个的福利都有所增加。因而，逻辑上我们增进了整体福利——如果这个词有任何意义的话。我们通过交换达到了互利。现在请考虑，如果事物价值是固有的，就像边沁有时所假设的和劳动价值论认为的那样，那么交换就没什么意义了，因为，要么我们双方对于自己的利益和对方的利益都不存在偏好，要么我们中有一方会反对交换。

现在，假设我们有边沁主义的基数价值，而这些价值也并不以事物固有价值为基础（边沁有时认为是这样的），所以它们是主观的。我有我的，你有你的。要增加整体价值，不是通过你和我进行交换实现互利。相反，我们必须简单地将我们每个人的所有物分配给那个认为它有着更高价值的人。这样我们会增进整体（基数可加总的）福利，但并没有符合互利的原则。因为在转移所有物后，我们中有一方的利益受到损害。

一个是通常的交换，另一个是对物品价值进行主观评估但使用基数效用的边沁主义，如何比较这两个系统？我们之间通常的交换所带来的任何再分配，按照边沁主义考量，也同样是增进效用的，尽管这还远没有实现两人总体效用最大化。换一个说法，不论以基数效用还是序数效用评估，任何自愿性交换都能增进效用。边沁主义者面临的世界是，在其中很难评估基数价值，他们可能妥协，仅去考虑互利或序数意义上的增进。但在一个边沁的计算方法能够开展的世界中，交换中的互利原则会遭到极大破坏。在我们的真实世界中，任何可能是边沁主义者的人面对制定和加总基数测量时会觉得十分困难，他们通常应该选择妥协，并接受互利原则。

边沁主义理论存在两个完全不同的问题：第一个是人际比较的问题；第二个是基数价值理论本身。对这两个问题都已经有了数千页的评论，我们不会在这里讨论太多。事实上，对于人际比较的问题我在此处不会讲什么，尽管之后在其他背景下还会出现对它的讨论。

人际比较的问题在于，没有人能够给出关于它具体如何运作的可信描述，因此很多批评它的人都视其为空洞的形而上学，帕累托和大部分的当代经济学家就是这样。这种否定的问题在于，很多人至少在进行某些人际比较时是有信心的，并且几乎所有人在特定条件下都会采用人际比较。很多人认为他们可以对自己孩子的快乐进行有意义的比较，毫不犹豫地下决定，认为某个孩子从某项特定活动中收获的益处和欢乐，比另一个孩子在另一些活动中收获的益处和欢乐更多。然而，如果从公平的角度考虑，这个决定可能更容易作出，也不那么令人反感：在对第一个孩子的更大快乐让步后，父母可能会在下一次选择另一些活动。

对排除人际比较的一个更加实用主义的反对是，它可能是处理很多公共政策的唯一可行办法。这看起来好似科斯的理论的一个变体，我们在下一章中会对科斯的理论加以讨论。在科斯定理的指导下，我们可以根据两个生产活动各自获得多少货币收益，来决定如何在二者间进行资源分配。我们分配资源的方法是看能不能产生最大的加总利润。但是在科斯的体系中，利润之后会在两个或更多的资源所有者之间进行划分，相当于他们会得到更多收入，多于他们使用自己的生产模式进行投入后的所得。

成本收益分析的实际观点不会是这种准科斯式的论点，因为成本收益分析通常，甚至可以说是典型地会让一些人受益，并让另一些人受损。典型的成本收益分析还会涉及大量的日常开支，这被视为所有人的成本（但不包括靠以日常开支为收入的人们）。正如后文所要论证的，按照不充分理由原则，一些政策可以在事前得到辩护，我们无法了解谁得益、谁受损，但平均来看，每个人都会得益。因而，所有人事前都能获得预期利益，尽管事后并不能获得实际利益。这里，这一主张通常必须是讨论福利的收益和损失，而非资源的收益和损失，资源是不会增加的。那些制定并且维护福利计划的人一定总是希望有一个边沁主义的效用计量表。

现在来讲基数价值理论的问题，即使当它被运用到个人价值，从而不存在人际比较问题（更多讨论参见 Hardin, 1987, 1998b）。我们当然一定要有办法构建个人价值，才能进一步加总各人的价值。这一理论的主要问题在于，它与我们各种消费行为方式不符，而我们以何种方式行事要远比该理论有意义。这里存在两个议题：第一，我今晚吃了一顿非常好、很满足的晚餐，我会乐意为其支付市场价。但我不会想要以同样价格吃第二顿，哪怕免费都不会。当晚的两顿晚餐，在这个案例中是相互替代的，但吃一顿对我就够了，我只会认为这一顿有很高的价值。第二，我对某些消费组合的评价会远远高于对其中每项单独消费的总和（例如在不同场合消费它们）。这种情况下，这两项消费是互补的。

由于这两个特点，很明显，主观效用无法简单地描绘出任何物体的内在价值，但它也不是我们消费的主观价值的简单加法函数。如果我们的消费可以是可替代和互补的，那我们就不能用货币相加的方法来评价它们。它们不是基于基数价值的。如果我们的效用具有基数价值，我应该只能为事物的总体情况——考虑我的事物状态中具有的替代性和互补性的所有项目——界定效用，而不能为这些状态中的片段界定效用（Hardin，1987）。但是，如果我有必要对整体事物状态进行评估，可能给它们赋予基数价值就没有什么意义。在许多情况下，为一系列整体状态确定排序就足够了，正如阿罗定理［Arrow，1963（1951）］所提出的那样。

劳动价值论

根据劳动价值论，一个物品的价值是关于用来生产它的劳动时间投入的函数。我们可以将各种贡献者的劳动时间加总，但我们也可以像计算国内生产总值那样，将各种物品所固有的价值进行加总，只是它将以劳动时间而非市场价值来计算。因此，劳动价值是基数的。它还能够以两种方式进行人际比较。第一，如果一个物品有价值，它对于每个人而言价值等同。这个结论表面看起来似是而非。第二，我一小时的劳动时间所带来的价值增幅与你一小时的劳动时间带来的价值增幅是等同的。对于这一想法，那些欣然为主厨制作的食物支付昂贵账单的人定会一笑置之。这两项反对意见相当于从标准主观效用论的角度，对劳动理论进行了批判。接下来，让我们依次从这两个方面来思考劳动价值论。

如果我持有的物品的价格，在分析层面和定义层面（而非因果层面）都由投入的劳动时间来决定，那么认为价值取决于谁来消费这些物品就是一个奇怪的想法。劳动时间现在对于物品而言是固有的，因而，对于所有人而言，这个物品应该是等价的。这样的含义应该会阻止人们进一步探究这个理论，除非是要找到避开这一问题的办法。像之前提到的，边沁在建立自己价值理论的努力中并没有厘清这个问题。他在主观价值理论和固有价值理论间游移，前者是关于消费者的，而后者则是关于消费品的。事实上，他使用"效用"——有用性——这个词，来掩盖他认为价值是物品固有属性的倾向［Bentham，1970

（1789）：chap. 1，sec. 3，p.12］。这个观点的扭曲之处在于，它暗示即使你拥有美食家的品位，你赋予一顿精致的正餐的价值也不会比尝不出什么味道的我更高。

价格理论允许我们为各种物品给出天差地别的价值。因而，如果我认为某物价值很高，我会愿意为之支付高价，但其他人愿意支付的价格则低得多。最终，实际价格会保持在生产这种物品的边际成本附近。这个物品据此定价，也许对我来说很划算，对你来说却十分高昂。如果价格低于这个价值，那它的生产便会停止；如果价格比这个价值高出很多，就会有新的生产者进入市场，为超额利润竞争，就像西南航空（Southwest Airlines）所做的那样：在一些由西南航空提供服务的航线上，其他航空公司会降低票价，可能也会削减服务。

显然，我今天消费的物品，将来很可能因为新技术的加持而降低其生产所需的劳动时间。这可能导致价格下降，也可能不会。在整体生产历史中，电脑价格已经大幅下降。我用来写这本书的机器能放进我的公文包里，但比我年轻时用的那台占据整个房间的（而我也并没有很老）要更加强大和快速。一二十年前，很多人会花大价钱买一台能和我这台一样好用的电脑。今天，他们不必支付那么多——多出来的钱可以用来买劳斯莱斯和西班牙的城堡。

现在来看看劳动价值的人际比较的第二种方式。我的劳动时间应该和你的劳动时间价值相同。任何曾在阿伦餐馆（Arun's）、查理·特罗特餐馆（Charlie Trotter's）、斯帕戈（Spago）或任何其他很好的餐厅享用过美食的人，听到人投入的时间可以互换这一说法，都会感到震惊。如果可以互换，如果在其他不由阿伦·桑潘塔维瓦特（Arun Sampanthavivat）、查理·特罗特或沃尔夫冈·帕克（Wolfgang Park）管理的餐厅吃饭会大为便宜，那么他们为什么还会去支付高价？

我们可能可以通过一些巧妙的努力，克服这两个造成劳动价值无法进行人际比较的不可思议的方式，从而得出一个更为复杂的解释来校正劳动在质量和需求方面的差异。然后我们会得到一个理论，它的复杂性堪比早期的太阳系模型，但我们对价值的理解并不会有所增进。而且，集体层面的不确定性也无法得到解决，而基数主义的、人际可比的价值理论是可以解决这一问题的。

劳动价值论和很多公司（尤其是早期公司）所作的努力是相悖的，这一努力就是支付所谓的计件工资。你是基于自己的生产量得到报酬的，而非基于工作时间，这样，两个并肩工作的人得到的工资总数可能差异很大。奇怪的是，苏联经济中也常使用计件工资，但同时还会进行马克思主义宣传，认为工人生产的价值应该是由他们投入的劳动时间所决定的。甚至苏联的劳动理论学家都了解得更清楚。人们不禁要问，这些理论家会给自己的工作赋予什么样的价值。

财富最大化

波斯纳（Posner, 1992：12—16）提出以财富最大化作为一个替代的规范性原则，至少涉及普通法在如何确定带有分配性影响的案例时，应该这么做。例如，在权利不清晰的情况下，我们将某特定财产的使用权分配给那个能用它产生最大净财富的生产者。但是，我们是在法律上这么做，而不仅是通过名义上的所有者和有希望的生产者进行讨价还价达成协议。之所以要这么做，是因为即使面对可能阻碍议价的一些交易成本，这样也可以实现最大生产力。从某种意义上说，财富最大化是科斯主义效率的一个变体（参见本书第五章）。但这是一个带有边沁主义色彩的变体。主张更大的加总财富一定和更大的加总福利相对应可能是错误的，但波斯纳确实主张，更大的加总财富本身就是一件好事（Posner, 1981：65—78, 108；亦可参见 Stigler, 1978）。

没有补偿的财富最大化是一个真正的基数概念，它要求通过某些东西进行人际比较，这些东西也就是我们所说的货币财富。我的 1 000 美元财富加上你的 10 000 美元财富等于 11 000 美元财富。如果我有 3 000 美元，你有 6 000 美元，那么我们的财富总额只有 9 000 美元。根据财富最大化标准，9 000 美元就比之前的 11 000 美元变差了——尽管我或者一个秉承公平主义的理论家可能会觉得这样更好。因为在这一分配转换中，我们中的一位得到了更多，而另一位的财富有所减少，这样的财富测试违背了互利原则，因而也违背了序数功利主义原则。

　　普通财富通常被视为资源，而不直接被视为物品。从工具主义层面看，这样做很好，因为它是达成各种目标（例如福利）的手段。如果这些财富仅仅是资源，那么序数主义者对基数效用的批评并不适用于财富最大化，因为资源并非主观价值。资源最大化与基本理性相似，意味着资源宁多勿少。这个事实让资源最大化标准大大简化了波斯纳的财富最大化适用范围有限的问题。此外，财富更为接近货币，能够进行可靠的基数测量。有人可能会提出反对，认为它无法描绘出福利，或者说它违反了公平性，但这些不满在事前评判中并不明晰。

　　然而，对于这个简化的希望来说，很不幸的是，波斯纳（Posner, 1981: 92）将所有过去的消费，甚至消费剩余都纳入了财富。为什么？资源是存在问题的，因为通常它们是为了换取消费而给出的。福利主义者将消费视为福利的增量，将资源视为对福利的潜在贡献，因而福利包含了资源。一个资源主义者只会记录未支出的资源，在核算时会忽略消费。这么算的话，那些痛苦的风险厌恶型守财奴会尽可能少花钱；与收入相似但满足消费生活的更典型的人相比，守财奴可能有拥有更多资源。

　　将过去所有消费都纳入财富意味着，财富变得和基数效用理论一样复杂。我们可以仅仅按照它们的价格来将消费算入，但这可能意味着，某些浪费钱财的人拥有的财富会和守财奴一样，也会和那些把钱投入很棒的消费来实现生活满足的人一样。如果将过去的消费计算进来，那么最初转向财富最大化原则带来的简化便不再存在。

　　我顺便要讲的是，波斯纳的理论是相对全面的，因为它是一个完整的价值理论，尽管波斯纳只是为了在法庭案件的边缘运用才设计这个理论，就像科斯定理那样（参见本书第五章）。作为一个完整的价值理论，它之所以存在缺陷，只是因为我们无法为各种资源给出抽象的权重，除非在一个持续的经济体中，我们可以根据这些资源为我们带来的东西对它们进行因果关系上的估价。

互利和人际比较

对于任何希望得到确定性的人而言，互利的不足在于它往往并不完整，所以常会留给我们不确定性。当存在许多在各方面都有差异的人时，这个问题会更严重，这种情况下可能存在的互利的解决集合会受到严重的制约，甚至会是个空集。但这个问题的存在恰恰说明我们应该运用互利，因为从这个意义上讲，互利反映出来的不确定性就是我们在社会选择中必须要应对的。一个通常让我们能实现互利判断的办法，是在事前制定它们。这样，我们可以为那些会受到这一判断影响的人分配福利的期望变化。然而，即使我们以这种方式拓展了这一观念，通常它还是会带来不完整的比较。

正如我在第一章中提出的，互利是个人利益的集体含义，因为在集体选择中，互利的结果符合我们每个人的利益。并且，按照本书第三章中提出的，我们实际上会确保一个互利的政策体制，其本身并不是按照互利标准来进行政策决策。假设我们设计一项制度来实现各种目标，而没有这项制度就实现不了它们，并且，我们希望给这个制度安排一些方法来将我们的利益聚合起来，那么我们应该采取什么方法？应该选择互利吗？应该不会，因为在太多我们需要明确政策的情况下，它是不确定的。相反，在一些条件下，我们会让我们的制度采取成本收益分析或其他比较的、非互利的方法。例如，我们会在一些标准场景下采用成本收益分析，实际上，它常被用在道路选址、水坝建设等情况下。

通过使用成本收益分析，我们的制度能够为我们每个人（或通常意义上的公民）分配价值——成本和收益，然后将其加总。我们也许都会觉得这个方法在形而上的意义上是扭曲的，但我们仍然会认同，如果有这项制度，并且能够在其中使用成本收益分析来为政策议题确定解决方案，那么每个人都会得到改进。从帮助我们解决问题、让我们能够推进生活的意义上看，成本收益分析具备普通法的特质。得到确定性的结果通常是有好处的，即使我们并没有一个关于如何得到这个结果的确定性的理论。因而，根据互利的观点，我们会回到基本的人际可比的基数价值上，但这不是关于议题本质的形而上的主张，而是解决我们问题的实用主义的手段。只要能够解决这些问题，使用它就是互利的。这并非科斯的观点（本书第五章会讨论），但它具有类似的两阶段特征，第一阶段是不可比的序数价值评估，第二阶段是基数价值评估。

这实际上是一个非常强有力的主张，几乎没有人会完全拒绝，至少原则上不会。事前来看，如果缺乏基本制度，几乎所有活着的人都会受损。因而事前以序数功利主义来看，有制度是有利的。这并不能决定我们应该拥有哪种制度，它给我们留有一定的自由空间，让我们可以在众多选项中选择一套可能会将我们置于一个准帕累托或互利的福利边界上，这个边界上的状态要远优于没有任何制度的状态。[3]

休谟反对将功利主义原则直接应用于实际案例，认为这种短视行为违背了正义原则。这个论点有时被认为是反对功利主义、支持正义的主张。事实上，这一主张是一个功利主义论点的两阶段运用。在第一阶段中，我们要对解决问题的制度安排进行决策。在第二阶段中，我们让制度对分配做出具体决策。休谟［Hume，1975（1751）：304—305）写道：

> 居鲁士（Cyrus）年轻而缺乏经验，当他为高个子男孩分配了一件长外套，把短外套分配给稍矮的另一位时，只考虑到眼前的个案，想到的只是有限的合适和便利。他的老师指导他要改善自己的做法，向他的学生居鲁士指出更广泛的视角和后果，告诉他维持社会总体和平和秩序所需的一般性的、稳定不变的规则。

基于逻辑自洽的功利主义理由，必须制定物权法，并将其运用到案件中。

这是罗尔斯（Rawls，1955）关于规则本质的观点，也恰恰是我的制度功利主义的总体观点（Hardin，1988：chaps. 3 and 4）。罗尔斯指出，处于某制度位置的人，不会说某种违反制度安排的行为是正确的。

例如，假设有一项特别残忍的罪行席卷社区，刑事司法系统里也不会有人说，尽管史密斯并没有犯下这项罪行，但把他视作有罪而处决他整体上更好。这样做会更好的原因是，绞死史密斯能够劝退真正的犯罪者，从而让世界变得更好。[抱歉，我编造了这个愚蠢的例子，但在对罗尔斯所反对的文献中，这被认为是一个强有力的例子（如 Carritt, 1947: 65）。]

对于任何更加一般性的规范性原则，都能提出类似的论点。例如，公平需要制度来实现。一旦制度设计好，并付诸实施来尽可能地实现公平，那么，再插入意外扭转乾坤的安排，推翻制度性安排和决议，通过重新分配来让事情更公平，就是错误的。[4]

如果此后会有重新的审视，那么这种可能性必须被制度化。事实上，在我们的司法制度中，我们可能希望确保有一个审视特定决策的官方存在。例如，对于某人的死刑判决，应该有重新审视的可能性，对他罪行的判决即使是按照制度规则开展的，也有可能之后会被发现是个错误，例如检察官当时没有展示脱罪证据。对于这些在最初决策中未能识别的错误，也应该有途径去更正，就像在最近一波为被判有暴力犯罪的人们脱罪的案件中，晚于判决出现的 DNA 技术提供了他们几乎一定不会犯罪的证据。[5]

事前设计制度安排的观点是令人信服的，因为我们不可能希望在没有制度的情况下比在有制度的情况下做得更好。并且我们一般会假设，基于不充分理由的原则，事前从序数主义的角度来看，有制度存在能够让每个人都有所收益。这一论点很可能是令人信服的，即使从形而上原则或其他原则来看，建立起来的制度会采取一些不被认可、引发不满的手段。我们可以不依赖形而上学，以实用主义建立这些手段。

序数功利主义

边沁和其他一些早期功利主义者显然希望，功利主义最终能够在处理选择问题上变得清晰且完整，以提升福利。因为这是一个关于满足人们利益的理论，所以最终，它一定要服从于人们利益组合所受的限制。边沁希望我们能够构建对幸福和痛苦的测量，甚至能构建出效用计量表，来测量人们快乐和痛苦的程度，并据此测量出个人的福利。他的希望很渺茫。在他提出乐观主义希望之后，我们反而经历了福利价值理论的日益复杂化，并且日渐承认这种非同寻常的复杂性，即使仅仅从概念和分析层面来看，亦是如此。最终，20 世纪 30 年代的序数理论让市场交换中的价格变得合理。这一认识并未完全扼杀简单的、基数的、可加总的效用理论，但相对新的序数理论，原有理论一直没有从其失败中恢复。序数革命带来的价值理论在解决旧问题的同时，界定了新问题，其中之一就是在互动背景下存在的理性选择不确定性的问题。

如果理性和自利的选择是不确定的，那么我们应该发现在很多背景下，理性和有益的选择也具有不确定性。因此，我们这个时代的功利主义缺乏早期理论那种看似自傲的感觉。但它所具有的务实特性是其他道德理论所不曾具备的，它扎根在我们生活的世界，其他理论则没有。

一些批评家认为，没有边沁的基数效用的功利主义不是功利主义（Binmore，1991）。这种批评属于柏拉图式的吹毛求疵，几乎不值得去解决。更糟的是，它倾向于将功利主义大致理解为康德主义。在很多康德主义观点中，如果证明一些观点不能解读为康德本人所述，那这些观点就会受到驳斥，被认为是表面的康德主义主张，这是令人不安的。对此，正如一个在哲学家间长期流传的笑话，这是将康德主义变成空谈①。[6]康德变得像马克思：人们尊崇他，而非挑战他并和他争论。当天主教会的教条和根本上无知的领导者根据科学主张是否符合亚里士多德的说法来判断这些主张是不是真理时，他们自己就是堕落的，并且扭曲了所有的理解。

功利主义道德哲学的一个美妙之处是，它更接近伦理学之外的哲学家和科学家之间的那种开放性和辩论，而非很多马克思主义者和康

---

① 空谈（cant）的读音与康德（Kant）的读音接近，但表示什么都不能解读。——译者注

德主义者所进行的意识形态之争。几乎难以想象，功利主义被视为创始人的学说，其文本受到崇敬。功利主义应该是一个长期持续、包含各种原创性的争论，有时，"创始人"都会因为出错而受到批评。和所有其他道德理论一样，功利主义是一场运功，而非某种在某个时期被写下来或发表出来的特定理论。这场运动之后的贡献者，像约翰·斯图尔特·密尔，就拒绝了边沁的简单的基数价值理论，尽管密尔当时还未得出现代经济学的序数效用理论。我们现在确实有了这一理论，而如果我们坚持道德理论要无条件地始终以边沁的价值理论为根基，那我们就是不负责任的。许多（甚至可能是绝大多数）20世纪的经济学家，在写作道德理论议题或是对经济议题进行道德论述时，已经充分理解序数价值理论，但他们仍然认为自己是功利主义者。他们这么做是对的。

　　功利主义的核心价值是促进福利，这一点在某种程度上是确定的。实现这一目标的方法，并没有被边沁非常有限的心理学（无论是人的心理学，还是理论的心理学）所明确解决。边沁本人可能羡慕我们现在在理解上所实现的进步，马克思也定会如此。（我不会提到康德或亚里士多德，如果他们知道自己的观点会变得超越逻辑思考、辩论或批判而成为意识形态，我无法想象他们会高兴。）边沁可能很清楚自己著述中存在的困惑——效用既被认为是我们使用和享有的物品所客观固有的，又等同于我们主观的快乐和痛苦的总和。在他非常简单的定义模式中，边沁写道："效用指的是任何物品所具有的属性，由此会对利益相关方产生利益、好处、快乐、善或幸福，（抑或）会防止伤害、痛苦、罪恶或悲伤的发生。"[Bentham，1970（1789）：chap.1 sec.3，p.12] 但在更详细的解释模式中，边沁发展出一种将效用计算为快乐和痛苦的净值的方法。据此推测，如果他当时拓展了自己关于快乐和痛苦的概念，那么他就会提前掌握价值理论之后的发展——遗憾的是，这一发展实际上绝大部分出现在经济价值理论中，因为哲学家在大约一个世纪前就放弃了这个领域。如果这些理念出现在边沁所在的时代，那他一定不会忽视它们，尽管他也不会过分乐观，认为自己一定能正确解决这个议题。

马克思在世时没能看到经济学中序数革命的发生，这一革命从根本上解决了价值理论的问题，任何对劳动价值理论或其他内在价值理论——价值是物品内在的，而非由消费或享受所决定——的留恋，在这场理论革命中都成为泡影。马克思阅读量极大，是思想的消费者。如果这个如此强大且美妙的想法在马克思的时代就被发展出来，那么我们很难认为他会拒绝它。也许马克思还会认为工人阶级在受资产阶级的剥削，但他必须通过劳动价值以外的理论来论证这一观点。一个可能的方法是提出在工业社会中（至少在马克思的时代），阶级结构并不符合互利的原则。这看起来会是一个非常困难的论证。霍布斯主义者可能会说，任何社会结构的存在都比没有社会结构要更好。马克思不能把这种结构和差劲的无政府状态比较，而必须与其他替代方案比较，也许是和一种理想结构比较，才能提出互利的观点会带来剥削的主张。他可能提出的大多数解决方案都需要规范性判断，但他的劳动价值理论非常接近一个纯粹的描述或因果理论，引出的是对剥削的描述性和因果性说明。

对于马克思主义经济学家而言，将马克思的观点转化为不容置疑的意识形态，以至于质疑者会面临伽利略审判的风险——在某些情况下，潜在结果可能是死亡，这已然腐蚀了他们自己的工作，常常让它们几乎丧失价值，尤其因为他们试图将经济学建立在劳动价值理论之上。20世纪，运用这种经济学产生了一些灾难性的政策，例如将环境估值为零，因为其中没有劳动投入（而不是根据环境固定且限量的供应而给其定出高价，就像那些在咸海的环境被摧毁前曾在那附近以捕鱼为生的人所深切感受到的那样），并将利息和贴现率设定得很低，导致很多产业活动过度资本化。随着技术的变化和社会向市场组织的转变，这种资本化的大部分已经失去了其价值。

结语

帕累托反对经济学中基数的、人际可比的效用，认为它在哲学上是没有意义的。他的典型观点是，对于一个假定单位的我的福利和你的福利的比较，没人可以搞清楚其中有什么含义。尽管有时，他似乎认为这种比较在特定案例中是可行的。因而，他的反对意见可能部分是价值论层面的，而非概念层面的。你和我通常理解不足，无法去做比较，因为我们对他人了解太少。众所周知，即使是最亲密的恋人，也倾向于将自己的欲求归因于对方。帕累托对于这种比较的不满，部分构成了他在总体上推动经济假设向更为现实方向转变的努力，许多经济假设由于将其完整化和数学化的努力而变得超出常识。

考虑一个政策例子：好撒玛利亚人法。在关于此类法律的辩论中，人际比较似乎得到了认真对待。[7] 一个例子是一项著名法律规定：在阿拉斯加—加拿大高速公路的偏僻路段上，任何遇到受困驾驶者的人都必须停下来提供帮助。支持这一法律的理由是，所有的驾驶者在这种情况下都希望得到这种援助，并且所有人都可能在某些时候有这种需要。因此，制定这项法律对所有人都是事前有利的。这就是康德对利他主义的一般意义上的辩护，尽管他的观点忽视了一种可能性，那就是很多人实际上可能并不偏好设置一个普遍性的援助系统。[8] 比方说，很多人可能认为自己会成为那些被期待付出援助的人，同时可以指出哪些人可能需要援助（自由意志主义者似乎认为，从宪法层面看，他们属于前者，也就是给予援助的主体）。在政策阶段中，这是常会出现的关于互利的问题。对于一项利他主义的政策而言，我们可能会要求一个前提，即事前一定能清楚知道这个政策是中立的，例如在偏僻的高速公路的案例中那样。

日常对人际比较进行批评的一个奇怪之处在于，大部分人是在一个常识性假设的条件下工作的——他们确实明白人际比较在很多条件下是什么意思。例如，我会立即承认，你的重大伤害或疾病对于福利的影响，要远比我脚趾被刺伤或普通的感冒严重。采取深奥难懂的论证只会让这个比较显得毫无意义，而一旦这个豪华精致的论证的光环褪去，除了那些最坚定的理论家，所有人都会在心理上重新认同这个比较。然而，如果我们主张可以将所有人的福利加总来得到一个福利的总数，那么这些持怀疑态度的理论家最终会赢得争论。面对这个概念，常识也得让步。

在下一章中，我将指出边沁对基数效用和成本收益分析的运用与科斯定理之间所存在的相似性。所有这些手段都涉及对集体结果的关注，而不是对个人选择的关注。人们可以说，如果它是连贯一致且有意义的，那么每种手段在某种意义上都是集体理性的。但它们无需去解决我们个人选择中的非确定性问题。

最后，要再次注意的是，边沁向人际可加总功利的转变，奇怪地被视为功利主义的定义性特征（Binmore，1991）。当然，边沁肯定会强调，他自己的功利主义中最重要的、真正的定义性特征是他对人们福利和幸福的关注（参见 Lyons，2000）以及他对于制度的关注，在他看来，建立制度实际上是为了组织和确保人们的福利。认真关注价值理论的现代发展的功利主义，不会以人际可比的基数功利为基础，而应该建立在序数主义的基础上（Hardin，1988）。这样的功利主义应该明确表示具有不确定性，就像实用主义的选择那样，其原因也是相同的：策略互动是不确定的，并且一些选择问题存在随机性。

就像边沁主义者或其他基数论功利主义所反对的那样，序数功利主义的一个内在含义是，对于我们为这个世界做好事的主张，我们要更为谦虚。对于我们应该采取什么行动、采纳什么政策，我们的理论常会给出模棱两可的启示，甚至根本毫无启示。对于这个结论，所有道德理论家都应该心知肚明。如果道德辩论允许在模糊性和不确定性上有更大的发挥，那它就应该少作断言，不要那么态度轻蔑。这样一来，它才会变得更有道德，同时更有意义。

附录：个人的基数效用

在 20 世纪，因风险选择分析中的个人效用函数的运用，价值基数主义重获青睐。[9] 在冯·诺依曼和摩根斯坦的博弈论中，他们假设的效用实际上具有货币的属性。在序数主义革命的伟大时代中，这种看似倒退的观点受到批判，冯·诺依曼提供了一项证明，即根据个人对不同状态的序数排名，可以得到确定的一套基数价值。他的证明很简单。

假设我可以对任何结果进行排序，包括通过对这些结果进行抽签的方法，请考虑三个结果。我认为 A 比 B 好，B 比 C 好，并照此排序。我给 A 赋值 1，它是这些结果中最好的，并给 C 赋值 0，它是结果中最不具吸引力的。我可以赋予 A 和 B 任何概率作为混合策略。例如，假定我通过抽签得到 $pA+(1-p)C$，我可以将其排在 A 和 C 之间，因为 A 的价值是 1，而 C 的价值是 0。现在我只需要确定能让我在结果 B 和结果 $pA+(1-p)C$ 上获得价值无差别的 p 值。它的价值是 pA，简单来看就是 p。因此，仅从序数赋值出发，我们也能够为可能的选择给出基数的测度。

这个理论存在一个严重的认识论问题。它简单地假设我有这样的能力，能在头脑中判断不同结果会给我带来怎样的相对价值。如果你给我一个结果，我能说出任何一对结果的加权组合——对我而言，其中一个的价值比你给的结果的价值更小，另一个的价值则更大——那么，我就找到了和你提供的结果同等价值的结果组合。该理论的要求远超过我们大部分人的判断能力。

然而，即使假定这个问题能够克服，对于我们的目的而言，这项理论在解决集体选择的不确定性上仍然没有什么帮助。尽管我们比较的是同一些事物的状态，我的基数价值的范围也不需要与你的有所关联。因此，冯·诺依曼的技巧实际上也没能回答早期经济学对博弈论所提出的批评。它甚至无法说明博弈中的收益在人际可比的、可交换的效用上的意义，而这一点是更早的基数主义的博弈论所要求的。这些回报有时被称为"货币-计量效用"。比方说，"零和博弈"这个概念，只在你和我的收益加总为零的情况下才成立。这要求我们两个人的测量尺度中都具有零点，且人际可比。一个符合现实的博弈论，其收益最终一定得是序数的，而非基数的。但是序数主义的博弈论远没有基数主义的博弈论那么易于处理。集体选择普遍受到不确定性的困扰，序数主义的博弈论也有这一问题。

冯·诺依曼的基数化如何与上面所讨论的主观效用理论的问题相

匹配？这一基数化必须运用在整体事物状态上，而不是运用在整体状态的零星变化上，否则是毫无帮助的。不幸的是，如果我们大力推行序数福利理论，就会发现，它也只适用于整体事物状态，不适用于事物状态的小的部分。如果说我今晚更偏好墨西哥菜而不是中餐，其意思是在其他条件相同的情况下，我更偏好墨西哥菜。当然，这意味着我们不是为边际变化进行排序，而是将对所有事物的一种安排与对所有事物的另外一种安排进行比较。在这样做的时候，我们考虑了所有的互补性和替代性。

【注释】

[1] 一个哲学家的笑话是这样反驳功利主义的：功利主义是为最多数的人提供最大的福利总和。我们都知道，最大值是不存在的，因此功利主义是错误的。证明完毕。

[2] 用他的话讲："我们更多是通过比较来判断事物，而非根据它们的内在价值来判断，所以当与同类事物中更优的进行对比时，每件事物会被认为是平庸的。"

[3] 这是一个准帕累托边界，因为它涉及生产，而不只是对我们已经拥有的东西重新进行分配。

[4] 例如，查尔斯·贝茨（Charles Beitz，1989）指出，如果我们建立了一套制度来确保投票的公平性，尽可能给每个投票者同等权力，而这套系统也能发挥预期作用，那么就不会有任何一位选民会主张自己受到了不公正对待。

[5] 联邦调查局是从 1989 年才开始在强奸和强奸杀人案上运用 DNA 检测的（Herbert，1999）。

[6] 康德的名字很容易被拿来开玩笑，另外还有一个流传已久的哲学家的笑话，将康德的格言"应当意味着能够"（ought implies can）变成"应当意味着不能够"（ought implies can't）。尽管这些笑话听来略显刺耳，却因为有那么些道理而非常有趣。["不能够"（can't）的读音与"康德"（Kant）的读音相同。——译者注]

[7] 这些议题很复杂，很大程度上在于撒玛利亚人的能力在一些情况下会造成影响，还有部分原因在于法律障碍，造成利他行为潜在地会面临侵权索赔。尽管一些社会存在习俗和法律要求撒玛利亚人为被帮助者之后的福利负责，但

受侵权索赔的潜在可能性在美国尤其成为问题。例如，航空公司自愿使用廉价的除颤器治疗飞行过程中心脏病发作的患者（参见 Hardin，1999a，尤其是226—228）。针对这种担心，那些来自自愿使用除颤器施救的航空公司的经验证据——美国航空（American Airlines）在接近两年的时间内挽救了五成的心脏病患者，而在地面的实际情况中，存活率仅有十分之一——说明，除了非常好的心脏医院，人们心脏病发作时，最好能在一个有良好装备的飞机上，而不是其他地方（参见 Wade，1999）。因此，对主张除颤器误用导致死亡的侵权索赔的担忧不复存在，联邦航空管理局（Federal Aviation Administration）最近要求美国的航空公司配备除颤器（"F.A.A. Orders Defifibrillators on Airlines"，*New York Times*，15 April 2001，1.19）。

[8] 有些人可能会认为，靠自力更生就可以变强大，因此他们会倾向于不用给自己提供这样的安全网。关于康德的观点，参见 Kant，1964（1785）：423；亦可参见 Herman，1993：chap.3（该章节最早发表于 1984 年）。

[9] 对于我们理解使用某种基数估值来规避不确定性的总体问题而言，这一讨论没有什么帮助。跳过这部分讨论也不会有什么损失。我之所以把它加到这里，是为了将这种基数效用的变体从进一步的考虑中剔除，尽管在事实上，这一基数效用的变体近似具有足够的意义，让我们能在某些条件下在实际中运用它。

第五章　边际确定性

　　福利主义理论的发展主线是：从霍布斯的个人主义序数论到边沁的人际可比较基数论，再通过帕累托回到序数主义。序数主义最主要的问题在于其不确定性，但基数主义也不起作用，无法解决这个问题（参见本书第四章）。在这一方面和其他方面，序数主义要现实得多，它的不确定性只是对现实的反映。在霍布斯的政府基础理论中，他以一个近乎神奇的操作摆脱了这种不确定性。他提出不充分理由的原则的假设，以忽略那些细节，从而完全将重心放在设立政府这个主要议题之上。尽管类似的操作在很多其他条件下是不成立的，但对霍布斯的问题而言，这个操作是可信的。在法学理论中，这一长期传统近期以另一神奇操作——科斯定理达到顶峰，它运用的是基数资源而非福利，在一个纯粹个人主义序数价值的世界中解决了生产问题。在这一长久传统中，自霍布斯的巧妙操作后，这一操作可能是最聪明的了。

　　长期以来，法学和政治学理论中可以列出的福利主义的贡献者——霍布斯、边沁、帕累托、科斯、波斯纳和其他很多人，尤其包括约翰·奥斯汀（John Austin）和 H.L.A. 哈特（H.L.A. Hart）等许多这里没有提到的人——都是功利主义者。他们中的某几位声称自己不是功利主义者，也未曾广泛地发表他们的规范性假设。当然，法律被认为应该具有促进福利以外的目标。例如，约瑟夫·拉兹（Joseph Raz，1986：226，228）提出法律的目标应该是提高自主性。接着，他提出法律的美德在于其有效性——作为工具的工具美德，因为他认为法律就是一种手段。更普遍地看，人们可以从任何道德角度出发，提出不管要达成什么目标，法律都应该有效率。但是，从霍布斯到科斯的传统，以及法经济学的传统，都将效率视为法律应达到的目标。这种效率指的不仅是作为工具的法律所具备的效率，还包括法律对自己所服务的社会所产生的影响。从这个观点出发，效率本身就是功利主义的概念，因为效率提升意味着福利增进。

对科斯而言，效率是一个序数概念，对帕累托也是如此。我们可以说结果或分配更有效率，但不能说出结果到底变得有多好、分配到底变得多有效。序数主义和福利主义的互利方案中存在不确定性，最终方案的选择不能被归纳为基数的加总。可能有多种比当前更好的状态，但我们无法分辨其中哪一种更好。但如此一来，我们应该怎么证明从中选出的那个是更合理的，或者说，我们怎么证明其中一个是最好的？

霍布斯为此提供回答时，选择忽视可选择政体的特定优势和劣势，这些政体包括君主制、寡头制和民主制，如此一来，某种程度上一个随机的政体选择都会比现状要好。我们不需要选择政府形式，只要简单地选定一个，就像从一个瓮里摸出一个球那样（Morgenbesser and Ullmann-Margalit，1977）。不确定性给了霍布斯一个合理的解决方案，但对帕累托而言，不确定性阻碍了他提出部分更先进的霍布斯观点。帕累托的观点在技术上更为先进，但他只处理我们已有物品的分配，而霍布斯更为关心如何安排生活以促进生产。科斯进一步解决了不确定性的问题，他引入的基数货币测量能够带来关于个人偏好或利益的序数信息。

边际不确定性

帕累托改进的静态原则在某种程度上是不确定的，因为它无法解答在众多优于现状的选择中，我们的集体选择应该如何去做。正如本书第三章所论证的，它因此也没能给出个人选择的解决方案。我们可能会认为，引入对动态效率的关注会进一步加剧不确定性。科斯定理解释了为什么这个结果不一定会出现。本质上，科斯定理提出，无论对某一特定财产或资源的合法使用权如何分配，它都将被能够通过生产达到最高净收入的生产者所使用，除非交易成本会超过重新分配使用权带来的潜在收益。为什么？因为使用权的名义所有者会通过议价将它们出售给效率更高的生产者，该生产者创造的更多收入中的相关份额在议价中归于名义所有者［Coase，1988（1960）：97—104］。科斯从本质上否定了产权分配会决定生产的任何主张，提出市场回报才是起决定作用的因素。就算我们实现生产最大化，我们仍然面对帕累托问题，即如何分配向生产边际移动所带来的额外收益。

回顾第一章中的例子。农场主的农作物和牧场主的牛的总净利润，由它们的销售价值减去种植和养殖的成本所决定。总数本质上是一个基数值，可以用美元计。假设让牛在农场主的部分土地上放养，破坏一定的农作物，能够增加利润，但农场主有权在其土地上设置栅栏以防止牛群进入。这样，二人就有意愿达成交易，允许牛进入农场主的一部分土地范围［Coase，1988（1960）：95，99］。在这笔交易中，农场主没有将牛群围在土地之外，因此牧场主获得的部分额外利润要归农场主所有，以补偿其作物受损引起的利润损失，剩余额外利润则由两人分享。因此，通过这笔交易，比起之前的状态，双方都能得到一定程度的改进。

我们可能认为这个行为将货币转变成了一个基数效用或福利测量，但其实并没有。它只是假设，在其他条件相同的情况下，对每个人而言，金钱宁多勿少。假设我们面临两个（或更多）结果，结果 A 的市场价值高于结果 B 的市场价值。因此，A 结果中产生的用来分享的货币更多，而且所有参与者原则上都会得到利益的改进（交易成本可能会成为阻碍）。这是严格意义上的序数主义主张，或者说，从每个个体单独来看，这是严格意义上的序数主义主张。它没有对各方总价值进行假设，只是假定每一方都会得到改进。让金额变得更多是一个互利的行动。如果它带来的收益能够被认可，并且交易成本也不会造成阻碍，通常我们就可以预期参与者会做出这样的行动。

为了当前目的，我们可以区分科斯的四个主要假定。第一，科斯定理根据"事实–价值"差别进行交易。负担的分配单纯是按照事实来确定的，这个方法本身并不存在好与不好，或者正确与不正确［Coase，1988（1960）：119—133］。那是什么让行动 X 变成妨害行为？意外的是，许多关于妨害法（nuisance law）的作品都忽略了这一问题。为什么呢？可能很多作者都是隐秘的道义论自由意志主义者（deontological libertarians），他们认为自己了解什么时候财产和相关权利受到了侵害。当我正在写这本书时，很遗憾，街对面那个没有天赋的鼓手给我带来的就是妨害。但从法律的角度而言，他并没有带来妨害，除非他持续演奏，直到午夜都不停止。而在任何情况下，他给我带来妨害的唯一原因在于我碰巧生活在这里。如果生活在这里的是另一个人，这个鼓手可能会得到赞扬。科斯明显是一个法律实证主义者——和霍布斯一样，他认为权利是法律和法律规则层面的问题。因而，尽管出于效率原因，我们可能会对某些行为采取禁令，但在道德层面上，我们并没有使用禁令的正当性，这与通常隐含的假定不同。

第二，科斯定理的核心规范性内容来自霍布斯、休谟和帕累托：互利是个人利益的集体含义。如果一个结果比另一个结果更有成效，那么通过相关补偿，可以实现所有人的改进。在我们的集体生产模式上，科斯定理是确定的——我们的最终结果应该是达到生产总价值最大化。但在如何分享更大生产力所带来的好处上，科斯定理是不确定的，因而，它的不确定性与帕累托原则的不确定性是一样的。当我们达到最大生产状态时，如何分配最终利润是不确定的［Coase，1988（1960）：100］。

第三，我们必须考虑互动中所有相关方的成本和收益。这直接源于科斯的隐含假定，即互利是他的潜在合理性原则。但我们不能将成本和收益简单相加。我们只考虑相关方的序数价值判断，不做人际比较。科斯的例子通常都是两方互动，假定不会对其他人产生外部影响［Coase，1988（1960）：98］。但如果这样的效应存在，那就必须将它们纳入考虑。

第四，现实世界中的交易成本和政治法律制度也会产生限制，我们必须将其纳入考虑。如果交易成本为零，那么所有的权利系统

（system of entitlement）都会带来有效率的生产。如果交易成本很低，互动中的相关方都会很容易理解能够有一个互利的解决方案。但如果交易成本高到一定程度，就不会有改进权利分配现状的预期，生产水平也会降低，因为无法通过签订合同让拥有较高生产能力的人使用该财产。

对于许多法经济学学者而言，这一定会得出一个推论。由于信息和议价成本可能很高，不完整的合同可能是有效的，同时还可能需要法院判决来填补空白（Polinsky，1989，27—38）。请注意，这个推论类似霍布斯将政府存在合理化的做法，这样就可以由政府来解决我们最初设计中存在的边际差距等问题。类似地，在许多作品中，詹姆斯·布坎南与他的多位合作者提出，我们事前就要达成一致，让宪法的方法和程序来解决一些我们无法达成一致的小问题（例如，参见Brennan and Buchanan，1985）。更为普遍的是，在生活中的互动中，只要存在法律未曾预见的冲突，我们可能都会想要法院作出这样的判决，这些判决能够基于效率的考虑创建解决的原则。

科斯的方法有三个关键方面需要注意。第一，必须有一个运转的市场为讨论中的产品提供价格，这个办法才行得通。也就是说，霍布斯提出的社会秩序问题必须已经得到解决，必须具备一套相当扎实的法律制度来处理产权和其他一些议题。科斯是在一个现存经济体的边缘解决问题。

第二，我们无法在帕累托图中表示科斯式的分配。通过重新协商和转移我们的使用权所带来的净利润，对其进行分配的范围是从全部归你到全部归我。然而，不管如何进行分配，净利润是一个常和。这可以用一条斜率为 -1 的总收入直线来表示。由于收入不需要一致转化为福利，所以福利的帕累托边界不需要是一条直线。事实上，与收入边界不同，帕累托福利边界不是基数的。[1]那么关于福利边界，我们只能说，在其他条件不变的情况下，你从生产权利的再分配中获得净收入的比例越高，你的福利就越多。与以往一样，如果基数价值的增加是有意义的，那么序数价值改进也会带来基数价值增加。[2]科斯之所以设计这个方法，目的并不是在对我们已有物品的有效分配上达到帕累托边界，而是达到已有资源（例如土地）的生产边界，而这么做是为了让各方实现互利。因为增加生产的额外利润进行分配只是一个互利问题，所以它并不是确定的。我们不能说出各方应该如何分享这些利润。

第三，科斯的解决能够最大化生产收入，但前提约束条件是，各方会选择用各种其他东西来换取收入。只有作为一种消费资源，收入才会有价值。因此，在关于产权使用的科斯交易中，任何一方都没有理由忽略再分配对一般消费产生的影响。例如，如果农场主愿意为了和平和宁静支付额外费用，那么比起农场主不这么重视对和平和宁静的消费的情况，从更高生产率中获得的净收益就会大打折扣。

科斯对集体互动的解决与霍布斯对政治秩序正当性的论证有何不同？霍布斯选择忽视可选择政体的特定优势和劣势，允许人们或多或少地随机选择比现状要好的政府形式。对其而言，比起有效政府与无政府状态或内战之间的差异，任何两种政府形式的差异"几乎感觉不出来"[Hobbes，1968（1651）：chap.18，p.238（94）]。这同样是一个严格序数主义的主张，并非基数主义的主张。不确定性阻碍了帕累托。它对霍布斯没什么影响，很大程度上出于认识论或社会科学的原因，霍布斯假设我们根本上无法知道不同政府形式的未来前景会有何差异。科斯解决了不同选择的生产制度模式所带来的不确定性，他的解决手段是基数货币测量，这一测量带来了关于个人偏好和利益的序数信息。

边际价值与基本价值

不过要注意科斯的解决方法中有一点令人困惑的含义：它本质上是边际的。霍布斯解决的是如何证明一般意义上的政府，甚至是特定政府的合理性这一重大根本性问题。科斯要做的是，在政府存在的前提下，为可能出现的边际问题的特定解决方案提供合理性。在霍布斯的条件下，无法使用科斯采取的用货币来测量的妙招。货币在霍布斯提供解决方法之后才会出现，而不是之前就有。[3] 这样，从某种意义上看，一旦霍布斯建立政府的总体计划完成，科斯就可以在此基础上解决经济和实际法律中出现的更为细节的问题。

事实上，科斯不仅建立在政府存在的基础上，还建立在足够的知识发展的基础上，这些知识使我们有理由认为我们可以有所改进，即使只是边际改进。霍布斯可能不知道君主制或寡头制哪一个政府形式更好，但我们通常明白，与当前所有权相反的生产分配往往会提高生产力。

有人可能会反驳霍布斯，提出我们只能证明对政府进行边际调整的合理性。但霍布斯对于政府好坏的测评是基于个人理性界定的，在概念上不存在矛盾之处。事实上，在某些情况下，它甚至在经验上是有意义的，比方说，一个陷入血腥混乱的社会在外部干预下恢复秩序。在这样的例子中，我们也许不能说干预是最好的解决方案，但我们有信心认为相比之前的混乱状态，它为所有人带来了互利。

关于在一个充满杀戮的无政府条件下，互利的外部干预创造了秩序的情况，请考虑两个简单的例子。位于巴西和委内瑞拉边界的亚诺玛米人（Yanomamo），以及位于新几内亚高地的福尔人（Fore），都处于无政府的社会状态中，当地有无休止的武装冲突和报复性谋杀的文化，他们自己也无法停止。根据 C.R. 霍尔派克（C.R. Hallpike，1973）的说法，亚诺玛米人和其他类似社会"卷入冲突并非因为在这种文化中，战斗真的能带来什么好处，而主要是因为他们停不下来。在没有任何中央权威的情况下，如果其他条件不发生变化，他们注定要永远斗争下去，因为对于其中任何群体，停止战斗是自杀行为。在这类案例中，人们并不真想继续战斗，他们欢迎来自外部的维和行动"。[4]

因此，存在对个人有着真正控制的实质性社会组织。对于新几内亚高地的福尔人，外部干预不需要有多强，只要能起到一点信号作用，就足以带来和平。"人们不喜欢战争，只需一个远处的（英国）巡逻官和少量本地警察，就能作为人们停战的理由。"（Sorrenson，1972；详见 Colson，1974：62—89）新几内亚地形复杂，那个巡逻官到达有矛盾的地方需要好几天时间，但人们仍然认为他的存在可以维持和平。

这个问题可以被简化为一个信号问题，因为殖民者一到达现场，立刻就产生了一个可靠的解决方案。这些例子几乎就是霍布斯提出的自然状态的写照。最主要的区别在于，战斗不是个人对个人的，而至少是中等组织程度的群体之间的斗争。

正如霍布斯所指出的，霍布斯效率为法律提供了合理化，这里的法律指的是整个法律体系，就像这两个人类学案例所展现的。科斯效率，在其法经济学的推论中为法律正当性提供了论证，这里的法律指的是特定法律和法院裁决的具体内容。霍布斯的理论论证了从暴力的无政府状态向互利的秩序的转变。科斯表明，引入对生产的动态关注，并不需要将帕累托提出的分配不确定性与霍布斯提出的动态不确定性相结合，尽管科斯只是在边际上这么做。霍布斯和科斯都关注生产，而不仅是对已有事物的分配。在这一点上，他们与帕累托截然不同，帕累托没有成功地将生产纳入他的经济学中（Kirman, 1987: 806）。事实上，正是他们对生产的关注帮助他们找到了解决方案，尽管对于霍布斯而言，想要得到结论，还需要对社会科学一方面持有极大的怀疑（评断哪种政府形式更有利于人们的利益），一方面又要抱有极大的信心（即使是改革的努力也很有可能引发内战）。

法经济学、当代价格理论和无差异曲线效用理论，总体上都是关于一般性安排背景下的边际问题。霍布斯解决的则是背景问题而非边际问题。大约从休谟开始，大多数讨论都集中在边际问题上。在这里要讨论的休谟之后的学者中，罗尔斯［Rawls, 1999（1971）］为一般性安排的背景创设原则的努力是不寻常的。亨利·西奇威克（他可能是最伟大的功利主义者）提出，我们所了解的不足以让我们从基本原理出发，我们能够讨论的只有如何明智地改善当前状态（Sidgwick, 1907: 473—474）。[5] 约翰·杜威［John Dewey, 1960（1929）: chap.9］和实用主义者都赞同这个观点。杜威说，我们对自己所作努力能够期待的，最多是它们能够为我们的事物状态带来改善，而非将我们带入或接近某个明确的最终目标。

朗·富勒（Lon Fuller）对霍布斯关于互利的全部看法以及有限理性也都赞同。关于我们的有限理性，他说道，我们不需知道道德层面的最优状态是什么，也能够判断哪个状态是更好的。"并且我们就是以这个常识性观点为基础，构建制度并进行实践。"［Fuller，1969（1964）：32，10—12］另外他还主张他所谓的"法律的协作功能"（coordination function of law），指出法律是服务于互利的［Fuller，1981（1969）：231—232；Fuller，1969（1964）：9］。富勒并不关心你和我是否进行交换，他关注的是，如果我们为了从中获益而希望这么做，法律是否会发挥促进作用。合同法、侵权法等许多其他法律都属于法律中起到促进作用的一类。[6]

在所有这些制度中，法律裁决的具体案件可能会对一方有利，对另一方不利，或者它必须让利益冲突的双方达成妥协。这种选择不能仅在互利的意义上有效率。只有从事前的角度来看，这样的决定才能被视为有效率的，而且只有在类似互动中各方分布无从得知的条件下才会有效（霍布斯主义的无知带来共识）。因此，不能直接以效率为基础来论证解决方案，相反，允许并实现这些解决方案的系统才是有效率的［Coase，1988（1960）：141—142］。

霍布斯对绝对主义奇怪的忠诚刚好符合这种制度主义的观点。他几乎拒绝对一个现行政治秩序的边际提出看法。在他的系统中，边际调整的权利是完全归于主权者的。这一对于主权者的依赖，类似于制度主义者在裁决案件时会最终诉诸制度。制度主义者可能允许通过普通法或是上诉法院来修改法律。但对于科斯所依据的现状，没有办法证明其合理性——除非可能像霍布斯那样能够提出，选择进入一个新系统或分配的努力，给每个人带来的预期成本都太高了。

对于交换关系，从互利角度论证合理性，似乎要具体案例具体分析才有意义。但实际在法律上，我们真正需要的是处理和执行合同的一般原则。如果在任何合同关系中出现执行的需要，各方都不大可能再出现服务于互利的解决方案。对于合同法，或任何其他以互利为原则的法律，互利的论证实际上是系统层面的，是先于在具体合同中的运用的。

然而，想要最清楚地从法律的互利来看到这一论证的系统性本质，可以考虑法学和法经济学中处理侵权行为的方法。在存在侵权行为的互动中，至少有一方受到伤害，侵权行为法则规定各方当事人应该如何承担费用。我们能够说这是互利的吗？从个体层面来看，当然不行。但侵权行为法可以近似看作合同法，因为尽管某些活动有产生伤害性副作用的倾向，例如机动车事故带来的伤害，但所有进行这些活动的人都可以从中获得预期收益。

对侵权案件，我们可以采用一项有效的规则来达到事前互利的目的。我们都会一致同意，比方说开车的同时，需要有制度安排来处理副作用的分配。当法经济学拥护者为科斯的推论争论时，互利的论点是严格事前意义上的，而科斯的推论指出要在考虑交易成本的前提下，根据生产效率来对产权进行安排。类似地，我们可以对侵权行为体制在事前进行互利的论证。但是，当这一体制被用在处理实际侵权行为时，一方可能会因为对侵权行为的补救措施而受损。

系统层面的合理化是否真的符合互利的观点？是的，但只有当每个人都可能或多或少随机地出现在侵权规则的任何一方时，才是这样。如果我们被系统性地分为两类，采取不同的互动行为，对我们互动的治理可能就不会存在互利的规则。例如，假设我几乎总是司机，而你则总是行人。现在，我们的所有互动都具有单一互动的特征，它们在统计上不是随机的。不存在平衡的互动，在其中我有行人的利益，而你有司机的利益。每一次实际和解都是侵权行为损失双方纯粹的冲突，所有和解之和也是侵权行为损失双方纯粹的冲突，且双方是截然分开的两类人。因而，如果一项规则规定，只要司机合理驾驶，就让损失顺其自然而不做补偿的话，就会系统地将驾车带来的互动损失分配给非驾车者。请注意，如果你与我对某有形损失（physical loss）的评估大相径庭的话，这个议题会变得更为复杂，即使在某种有意义的描述下，这种有形损失是相同的。例如，比起我用来处理文字的手，小提琴家的手的价值要高出很多（相关讨论参见 Calabresi，1985）。

法经济学中的很多争论只是含蓄地以互利为正当性基础。例如，关于侵权行为的讨论通常看似理所当然地认为，驾驶这样的事情是可以去做的，尽管人们几乎肯定会知道，这样做可能有给他人带来伤亡的风险。问题不在于我们是否应该因驾车而入狱，而在于发生事故后我是否应该弥补你的亏损。这可能会让我们想起长期以来，关于双重效应原则（doctrine of double effect）的讨论。我驾车是为了参加聚会，而不是杀死那个途中可能不小心撞到的人。因而，如果我确实不小心撞死了他人，那我可能也并没有做错什么。这还是策略互动的本质。我的行动实际上是一种策略，它可能会引发很多不同的结果。

对于双重效应原则的这一版本，科斯提出了互利的基础，而没有被关于该学说的简单的因果行动理论所纠缠。根据科斯的因果理论，我之所以会对你造成伤害，是因为我不是单单自己在行动，而是在与你互动。但这就意味着，你所受的伤害是我们两人共同造成的，尽管在这个共同因果关系中，你所做的只是站在人行道的一个特定位置上。如果我们认为是共同的原因造成了你的伤害，那么将道德过失完全归咎于我就很奇怪。我产生的只是共同因果效应。然而，侵权行为法在很大程度上是关于过错认定的。从科斯定理或者法经济学的角度来看，这种情况是完全合理的，即我做的一切都是正确的，你做的一切也是正确的，然而我们行动的共同结果是我给你带来了严重的伤害。这项法律的意义在于帮我们在面临这种策略互动时平衡利益关系，并且可以说，让我们此后有动力减少这种有害互动的发生。

交易成本

如果交易成本很高，那么在增加双方收入的安排上，科斯理论中的农场主可能无法与牧场主达成一致。例如，双方都可能试图隐瞒真实的成本和收益，以便从净收益中分享更大的份额，而双方都不得不花费高昂的法律费用。在诸如美国这样的法制社会中，合作谈判中的这种费用就成为交易成本的粗略代表。在很多条件下，这些交易成本可能是不确定的，只有花费了才能知道它们具体有多少。因而，在交易成本透明和可预测的情况下，我们可以预期在解决科斯边际问题上会更容易成功。但因为通常并非如此，所以交易成本就常会在讨价还价中被用到，也就是说，不确定性会导致交易成本的增加。因此，在互动选择中，不确定性的一部分是交易成本自己引入的。

结语

霍布斯在他对动态效率的看法中，同时运用了福利主义和资源主义的观点。根据事实，效率提高会增加福利。霍布斯所希望的效率只是每个个体福利的增加。科斯定理在价格和收入上的做法同样是资源主义的。但这只是达到福利的临时手段。波斯纳在其财富最大化原则（参见本书第四章）中的举措要复杂得多，但可能在一致性上更差。它在表面上关于财富的资源主义观点中融入了对福利的考虑。这些理论可能最终在概念层面上都需要这样的做法，因为消费、福利和资源是可以互换的，也可以说是相互构成的（详见 Hardin，2001）。

科斯的很高明的技巧是，将提高生产率带来的总体收入转化为可以分配的货币份额，如此一来，相关各方都能够达到序数性改进。收入被视为基数的、人际可比的，尽管它只是一种手段，本身并没有价值。然而，来自收入的个体福利收获仍然是序数的，并且无需进行人际比较。因此，我们能够通过使用更高货币收入的手段，达到互惠的结果。这已经是市场经济的早期技巧，货币实现了交易的普遍化，不需要再为特定各方的实质性需求和供给进行匹配。无论是在对货币市场的判断上，还是在科斯主义的货币评估中，将货币当作正在发生的真实价值都是错误的。它仅仅是价值分配的手段，而且这个价值通常指的是福利价值。

如前所述，在科斯定理的基础上，法经济学学者主张事前创建制度，来解决此后会发生的问题，尤其是应对交易成本的问题。霍布斯也采取了类似做法，但他所应对的是法律和法律执行中的冲突，以及我们现在所说的政策中的冲突。这两种做法都是事前创建制度的实例，接下来，这些制度会为那些我们无法决定的事情作决策，这一点在本书第八章中会加以讨论。这种由制度应对不确定性，做出机械操作的办法，最终可以解决我们理论中所剩的一些不确定性问题。

最后要注意的是科斯定理、基数效用的使用、成本收益分析之间存在的相似与不同（本书第四章讨论过后两者）。通过引入基数可加总效用，边沁能够确定任何集体项目中我们可能得到的最终结果。运用科斯定理，我们能够确定独立于所有权的总体生产水平。然而，在这两个案例中，我们都不能确定这些理论提出的总体收益应该如何分配。原则上，这两项理论都能告诉我们用于分配的总数（效用或货币），但都不能完全约束这个总数在我们之间的分配方式。在分配上，它们都具有不确定性。边沁的基数福利方法可能会违背互利，科斯则采用基数货币的方法来实现互利。因而，据其对于福利的意义来看，科斯的方法是序数主义的。

边沁的做法在任何情况下都行不通，因为基数效用的理念并不具有逻辑上的一致性。科斯的做法能够奏效，是因为他使用了货币，而货币可以被有意义地加总。成本收益分析的假设看上去和科斯的假设类似，也涉及货币计算。然而，成本收益分析颠倒了运用基数原则和序数原则的顺序。科斯使用基数价值来表示生产物品的价值（由市场价格衡量）。成本收益分析方法则假定，在特定类别的政策决策中，如果我们能使用成本收益分析，就可以事前假定我们都能够有所改进。这个假定可能是对的，即使我们对受政策影响的个体的成本和收益的货币分配不一定是令人信服的。因而，对成本和收益进行基数化在很大程度上是一个假象，尽管使用这个办法能得到良好的效果。

【注释】

[1] 参见本书第一章中的图表和相关的对帕累托的讨论。

[2] 如果我持有资产的基数价值是1 000美元，并且我因一项序数改进而获益，那我新的基数价值一定是1 000+x美元，其中 x 代表一个正的基数价值。

[3] 一些自由意志主义者认为，无政府状态下的生活要比霍布斯所认为的更加温和、更具生产力，并且他们认为即使没有政府，货币也会自发产生。事实上，货币确实是以这种方式在国家和良序社会的背景下出现的。但当货币确实出

现后，货币就有了与边际价值相关的特性，而与霍布斯感兴趣的宏大比较不再相关。

[4] 拿破仑·沙尼翁（Napoleon Chagnon, 1968）对亚诺玛米人的研究和结论在最近引发了争论，争论追随者们知道，关于亚诺玛米人好战行为的观点是有争议的。可以参考最近很多相关评论，包括 Tierney, 2000; Ferguson, 1995; Geertz, 2001; Mann, 2001; Wong, 2001。最新观点可以查看 Yanomami.com。

[5] 详见 Hardin, 1992a。这个论点属于严格的福利主义，而非边沁的功利主义。但该论点打开了对压倒性而非边际性知识和理论的需求。

[6] 富勒（Fuller, 1969: 132—133）甚至提出，那些对自愿性互助选择没有起到促进作用，反而有所阻碍的法律，例如那些针对没有受害者的犯罪行为的法律，是失败的，因为它们将道德作为法律的做法是错误的。相反，在遵守承诺上，法律可以很好地被用来维护道德。

第六章　确定性的规则

　　处理社会互动中不确定性的最古老、在许多方面最简单的办法是发展并落实在特定背景下的行为规则。这里主要是讨论那些在道德理论中规定或禁止特定行为的规则。在策略互动的条件下，很难对行为进行界定，因而这些规则本身就是模糊的。很多情况下的行为都是一种联合行为，而我们几乎没有任何规则能够用来治理联合行动。作为一类主要的道德理论，康德主义推行行为规则，这些规则甚至是强制性的——作为一个康德主义者如果不听从，那就犯了严重的道德错误。这种理论被称为"道义论"，这个术语是由边沁创造的，本来涵盖"道德科学"总体，但很奇怪的是，它现在的含义主要限定在关注行动而非结果的理论上。尽管边沁本身是极致的结果主义者（consequentialist）。康德的道德论中所讨论的行为是个体行为，而非集体或联合行为。

　　规则有很多种。有许多规则是直接的理性规则，它们以相当确定的方式为利益服务，例如交通规则仅仅是协调人们的行动。还有很多其他规则本质上就是实用主义的，例如在某个特定日期后进行种植的经验法则，可以进一步以知识来论证其科学合理性是成立的。但有些规则是在可能出现冲突时，严格用来管理社会交往和关系的。其中很多在今天被视为道德规则，它们来源于习俗、宗教，甚至道德理论——尽管这种情况很少。在康德的道德理论之外，直觉主义道德理论曾经在 20 世纪早期的大部分时间中主导了盎格鲁-撒克逊哲学伦理学，它通常也是关于行动规则的。

很多道德规则，包括康德主义和直觉主义学派的规则，例如"不要说谎"的规则，即使从实用主义的角度来看，也是非常有道理的，只要它们不是牢不可破、不可宽恕的。在一些社会中，将这些本质上属于实用主义的规则道德化，有助于将它们作为行为规范来推行，这有利于那些被强加以规则的人，比如孩子和其他短视的人。我们今天常常用到的这类规范中有很多（甚至是绝大部分）体现出互利的功利主义特征，遵守这些规则在大多数时间能够促进个人和大家的社会生活。然而，作为克服不确定性的工具，这些规则并没有比忍受不确定性好到哪里去，甚至比起假装不确定性不存在，也好不到哪里去。没有任何道德规则目录能覆盖对我们重要且影响深远的可能行为，甚至不曾稍微接近。

规则，与这里考虑的其他手段一样，是一种很好的简化手段。它们或多或少会表示，这些是我们必须要遵守的规范，此外都不具有强制性。实际上，人们普遍认为，即使是我们确实有的这些规则，其效力也是有区别的。有些是威胁性规则——会威胁对违反规则的行为加以惩罚；有些是劝告性规则——这些规则劝告（但通常并不要求）我们做得更好。"不要说谎"通常被视为一种威胁性规则；"爱你的邻居"则最多是一个劝告性规则，事实上，这样的劝告常会超出我们的能力范围，因此，虽然有规则，但是我们无法遵守，也不可能通过惩罚来强制遵守。

一个显著事实是，很多（也许基本上是所有）规则在某种意义上具有很大的不确定性，作为一个集合，它们常会自相矛盾，给行为提供的指示并不完整。如果我们遵守这些规则，则经常会受到伤害，而不是得到好处。如果缺乏纠偏的判断能力，盲目遵守特定规则，其结果是灾难性的。这是事实，因为即使我们对自身实际利益的关注很少在规则中被明确表示出来，这种关注也会被简单化的规则严重掩盖，这种规则大多数情况下看似有理，但并非总是如此。在这里，我将分以下两部分进行讨论：规则和原则。也许第二部分应该是"一项原则"，因为我只讨论了康德的原则，即我们不能只把另一个人作为手段，而应该总是将他或她视为目的本身。在这些讨论之后，我会对政策解决方案的制度本质进行简要说明。

　　康德和康德主义的观点也是对规则进行讨论的核心，正如我之前提到的，这是因为康德主义的道德理论本质上是给我们的行为提供规则。有些人涉及的内容更加广泛，会从更一般性的意义上讨论规则。但大部分所谓的道德规则是直觉主义主张，考虑它们没什么意义（详见 Hardin，1988：178—191）。此外，普通道德中大多数令人信服的规则受到康德及其追随者的青睐，所以它们并不完全在考虑范围之外。道德理论家得到的结论，通常会非常接近自己所处时间和地方的普通大众道德，这是一个显著的特点，道德理论中唯一无法接近大众观念的部分，就是推断人们行为规则或原则的框架。无奈的是，对于哲学家而言，这是所有功绩所在。

　　道德理论按照人为划分的模式，可以分为两类。其中很多主要针对的是个人在面对面或少量互动的情况下的行为。另外很多理论只是部分涉及个人，它们非常明显地是为了应对社会和政治问题。在罗尔斯的《正义论》出版之前的 70 年间，在 20 世纪的盎格鲁-撒克逊世界，道德理论几乎完全是关于个人的。向个人道德的转向，困扰着康德主义和功利主义等不同的理论。康德自己也就国际和平、政府、法理学等议题发表观点，尽管对这些问题的讨论可以说并不是康德的道德理论真正的延伸，他的道德理论完全集中在个人层面，讨论的是个人行为。更关键的是，早期功利主义者显然最关心制度和政府。事实上，在盎格鲁-撒克逊世界，功利主义一直是主导性的法律道德理论，直至近几十年权利话语兴起（Hart，1979）。在这一章中，我会集中讨论被框定为行为规则的个人道德。

　　要谈论确定性，本身就意味着至少部分地关注结果和后果。我的行动具有不确定性，因为它无法确定一个特定的结果，通常，只有我的行为像拨动电源那么简单，它才是确定的。在互动选择以及选择具有随机性的条件下，这通常会成为一个问题。在这两种情况下，我可能会对我的行为结果有一个事前预期，尽管结果可能并不一定符合这个预期。道义论的道德理论通常坚持认为，我们应该从道德上判断行为和行为类型本身，这种判断不应该受行为结果的影响。如果我们认为确定性有问题的话，这样的理论从表面上看也是有问题的。道义论者因而会反驳这一观点，认为它是道义论理论之外的，而非来自理论内部。这一立场当然是正确的。但是，关注不确定性，可能有助于厘清如果不考虑因果影响，那么遵守这些规则的承诺需要有多强。面对随机性问题和策略互动条件下的行为类型的不确定性，以及面对由此产生的任何规定特定行为类型正确或错误的理论的不确定性，需要非常强的承诺。这样的理论如果拒绝将不确定性纳入考虑，那就会脱离实际。

此外，关键制度本质上就是由许多人的互动所构建的，一项制度的任何行为或政策都是广泛互动的产物。因而，对任何制度包含的或引起的行为种类的正当性进行道义论说明，一定都会复杂精巧到离奇的程度，即使鲁布·戈德堡（Rube Goldberg）①都会觉得有难度。正如本书第八章中的讨论，采取让制度来承担选择的方法来拯救一些理论，对于关于行为类型的绝对道义论并没有什么帮助。

规则

关于规则的两个最清晰的讨论，一个出现在康德传统中，其中规则被认为来源于更具普遍性的原则，另一个出现在规则-功利主义传统中，其中规则同样源于更具普适性的原则，这个原则就是改善福利。我将讨论它们面对策略互动和随机物质世界时的困难，这正是本书中不确定性的来源。几乎所有道德规则似乎都是针对行为和行为类型的。目前，它们大多是道义论的，而非结果主义的，因此它们应该不可违背。我们讨论过的功利主义规则更接近实用主义的经验法则，它们通常能作为很好的行动指南，但偶尔在特定条件下，当对其效应进行更仔细的考量后，它们有可能被推翻。这种规则不是这里要讨论的。

---

① 这一说法常用来表示小题大做。美国漫画家鲁布·戈德堡创作的"鲁布·戈德堡机械"（Rube Goldberg Machine）具有很大影响力，讽刺用复杂机械完成简单任务的可笑设计。——译者注

社会互动的选择背景下，规则存在一个显而易见的问题，这个问题是大多数道德规则所要应对的。[1] 这个问题在于博弈中的策略选择与道德学家希望用自己的规则来规范的行为类型，几乎没有相似之处。哲学中一个受欢迎的例子是康德的主张，即无论可预想的结果如何，都不能撒谎。只有讲真话这一道德行为的纯粹性和撒谎的不纯粹性，才是重要的。为了使这一观点明确无误，他明确指出，甚至在有人蓄意谋杀，当我们被问及该人要杀害的对象在不在屋里时，我们也不应该说谎。即使这意味着受害者会立即死亡，康德认为我们也要如实回答，那个蓄意谋杀者要杀害的对象在屋内。即使对于康德时代的普鲁士新教徒而言，这个观点也似乎有些过分形式主义了。

康德的观点受到了邦雅曼·贡斯当（Benjamin Constant）的挑战，后者提出了蓄意谋杀者的例子。贡斯当提出，在这里，道德强制令显然要取决于一个人所面临的环境有多不道德。康德［Kant, 1909（1797）: 365］在作品中作了长篇回应，以可能是道义论、反结果主义中最清晰、最不妥协的观点作了总结：

> 我们不应该把（讨论的议题）理解为（意外）造成伤害的危险，而应该理解为做错的危险。诚实的责任是无条件的，它构成言论正义的最高条件，如果它被设定为有条件的、服从于其他考虑，就会发生上面的情况。尽管我没有通过一条具体谎言，对任何人（例如这个蓄意谋杀者）造成任何伤害，但总体上，根据正义必不可少的必要陈述，我违背了正义原则（我在形式上做错了，尽管实质上没有），这比起对任何个人犯下不正义要糟糕得多。

康德的观点中有两个值得注意的方面。首先，我们可能注意到，似乎除了康德以外，几乎没有别人会认为关于说谎的激进原则来自更广泛的道德理论。事实上，马特森［W.I. Matson, 1967（1954）: 336］作为一位同情康德的评论家，维护康德更广泛的道德理论，但反对这个例子中的荒诞判断。他认为，这段话中"令人厌恶的狂热"只能表明康德作为一个哲学家活得太久了。[2] 有人可能会回应，恰恰相反，康德作为一个哲学家，活得还不够长，没有看到我们所熟悉的世界。想象一下，有人会对为保护藏在地窖里的犹太人家庭而向纳粹检查员撒谎的救援者提出反对意见。救援者的谎言比对任何个人的不公正都要糟糕得多这样的说法，是荒谬和极度堕落的，堕落到让人厌恶任何在这种情况下说出这一言论的人。

如果根据这个堕落的原则，奥斯卡·辛德勒是极不道德的，因为他冒险救援，使许多人免遭纳粹灭绝政策的伤害，但在这多年努力中，他必须不断撒谎。这个结论非常离谱，就算有人对亲爱的康德老先生感到愤怒，强烈地想要他醒悟过来都有情可原。如果这都能算道德，我们为什么还需要它？这极其不体面。然而，从分析的角度看，反对撒谎的规则是一个用以讨论的很好的例子，部分是因为它非常好地反映出"仅是一个简单的行动"这一概念逻辑上的不连贯，部分也许是因为对于它的优点的争论，比对任何其他规则（除了遵守诺言的承诺以外）的优点的讨论都要多。[3] 这两个问题在道德辩论中占据了核心地位，令人既惊讶，又沮丧。在道德的核心，如果这两个问题占据的位置如此突出，我们就不需要道德了，我们应该告诉道德理论家不要再管我们，我们要关心其他更为重要的问题。

对于不可侵犯规则——例如不可以撒谎的规则，一种特别糟糕又很常见的辩护是具有一般性的观点。我们可能会问："如果在供水中加入硫喷妥钠（sodium Pentothal），就可以让所有人都说真话，我们会这么做吗？"对这个问题，我们可以说"是"，但我们仍然要认识到，如果现实中真的需要决定（在没有硫喷妥钠影响的情况下）是否告诉一个凶残的人真相时，最佳行动是说谎。有人可能对这个一般性的问题说"不"，因为我们认为，如果生活充斥着这种简单粗暴的真话，那它会变得很丑陋，正如托马斯·内格尔和其他一些人的很有说服力的观点所说的那样（Thomas Nagel, 1998; Campbell, 2001; Nyberg, 1993; 相反的观点，参见 Bok, 1978）。我认为，第一个答案中的例外情况和第二个答案整体都是令人信服的，因此，用一般性的观点为不容破坏的反对说谎的规则进行辩护是加倍错误的。[4]（其他不容破坏的规则通常无法通过第一条检测，但它们不一定无法通过内格尔检验。[5]）

其次，我们应该注意到，这里的议题比说谎更具一般性，从这点出发，我们得到的经验对任何指导（或禁止）行为的理论都具有意义。更一般的议题是相对狭义的行为和由此产生的后果之间的关系。策略行为具有这样的特点，它的特征和定义通常应该根据它可能引起的结果来定，或者更常见的是，根据它引起的潜在结果范围来定。我的行为 X 是为了实现 C。在制定政策说明时，几乎不可能不用到政策可能带来的结果。只根据政策允许的行动来制定政策说明，通常会使其变得相当烦琐且无关紧要。政策的意义通常在于实现结果。这至少是道义论很少涉及更一般的政策或制度行为的部分原因。在政府中运用最严格的道义论道德理论，几乎只会导致程序性结论，因为道义论是关于我们能做什么，而不会说明我们会得到什么结果。

当然，只关注行动种类而不关注行动结果的道义论道德理论并不需要将一切都道德化，因此，有很多行为既不会被特定理论要求，也不会被禁止，而很多其他行为，例如说谎，则严格受到理论的约束。如果没有事前对疫苗接种效果的实际评估，那么人们将很难理解关于要求接种或禁止接种的道德强制令。[6]（在本书第三章中，我把疫苗接种作为一个互利理论的问题进行讨论，在这里，我把它作为一个道义规则理论的问题进行讨论。）因而，疫苗接种和撒谎不同，脱离其可能的结果，人们很难有一个合理的原则来判断其对错，而对撒谎则有这样一个相对一般的原则。当然，我们根据疫苗接种例子所得到的结论具有普遍性意义，不仅适用于疫苗接种，也适用于一大类大规模政策、随机性选择等其他问题。

禁止杀戮、撒谎等行为的强有力的道德理论，显然并不能运用于这样的行为类型——为了他人微小，甚至是巨大的利益而将某些人置于严重伤害的风险中。因而，这些道德强制令不能被直白地运用在许多政策议题上。事实上，它们甚至不应该被直白地运用在充斥在日常生活中的所有行为类型上。这样具有随机性的选择问题是公共政策、应用伦理学以及现实个人生活的核心。任何可靠的道德理论都必须掌握这个问题，才能有信心地在这些议题上给出一些说法。

关于疫苗接种的明智政策必须是结果主义的，甚至根本上应该是功利主义的。在这样的政策议题上，以行为种类为基础的道德理论者，没必要反对功利主义的解决方案。在疫苗接种规定的问题上，这样的理论者可以借用功利主义的思考方法，并和功利主义者得出相同的结论：评判为某人接种疫苗这一行为类型的对错，要看其总体是否符合政策。但如此一来，在对疫苗接种和其他随机性问题的政策进行的道德评估中，他的理论的独特性就可能失去了意义。这是个令人不快的教训——几乎相当于让这样的道德从所有公共政策中脱离。针对结果主义，道义论的一个标准回应是——这是错误的，因为它将所有其他考虑从决策中摒除。人们说，当结果主义理由明显盖过其他理由时，道义论会承认它们。在公共政策议题上，结果主义的考量往往是最突出的。同样，在很多条件下，除了造成的结果，很难想象对于政策而言还有什么是有意义的。

一项康德主义原则

让我们考虑前面讨论的不同条件下的两个问题，在这些条件下，把关注点限定在个人行为上对于我们的目标没有意义。第一个问题可能只是应对自然带来的随机性问题，是近来在野外成功根除天花病毒，即在自然环境下，不会再出现因为接触其他天花病毒携带者而感染的情况。第二个问题是核威慑系统，直到最近，苏联和美国的对立中存在的潜在毁灭性风险，还一直威胁着所有人类。这个系统通过影响其他人的行为发挥作用，因此这主要是一个策略互动的问题——尽管也确实存在非蓄意、毁灭性的意外战争的问题。从根除天花这个策略上简单的问题开始，会对我们有所启发，因为该计划的后果可能会比天花继续零星地流行下去更为糟糕。

让我们倒回到两个多世纪前来看疫苗接种，这是爱德华·詹纳（Edward Jenner）第一次以接种牛痘疫苗来预防天花的时间。他注意到，从奶牛身上得过牛痘的挤奶女工之后从未在疫情中得过天花。牛痘是许多痘病中较为温和的一个变体——实际上，更准确的名称应该是"鼠痘"，因为牛也是极偶然地从啮齿动物那里感染这种病的。因此，1796 年，詹纳主动给一个男孩接种了牛痘，几个月后，他将天花患者的脓液滴在小男孩划破的手臂上，这个男孩也没有患病。放在现在，这个实验应该无法通过任何伦理审查委员会的审查。但在当时，这有错吗？考虑詹纳所处时代所能掌握的知识状况，他几乎没有什么手段可以用来对付天花带来的可怕灾祸。天花可能是人类历史上最为可怕的疾病，而且在詹纳所处的年代，天花疫情经常暴发（Hopkins, 2000）。人们可能也注意到了，这位男孩很可能在之后的疫情中生存了下来，因为他接种了疫苗。顺便一提，詹纳认识到，他的发现最终将意味着"消灭天花这一人类最可怕的灾难"。"疫苗接种"，这个听起来夸张的术语，是詹纳从一个代表"牛"的普通拉丁语单词中创造出来的（Preston, 1999: 52）。

比詹纳的实验早两代，在 1721 年的马萨诸塞州，扎布迪尔·博伊尔斯顿（Zabdiel Boylston）就使用活的天花病毒，为包括他的儿子和朋友在内的 247 人进行了接种来预防天花。接种的人中死亡 6 人，也就是 1/40。博伊尔斯顿受到了谩骂。在此后的天花疫情中，接受接种的其余 241 人全部生存了下来，而没接种人群的死亡率为 1/7（Koshland, 1985; *Encyclopedia Britannica* 2: 213）。即使是以博伊尔斯顿这种粗糙的方式，事前来看，接种疫苗的风险都会比不接种的风险要小。（当然，他是在不了解风险的状态下进行的实验，当时他不可能知道胜算是多少。）如果在博伊尔斯顿的接种者中，谁死于天花疫苗，谁死于后来的天花疫情，是随机的，那么大多或所有因接种而死亡的人不接种就不会死，而接种疫苗的人群中会有三四十人死亡。詹纳今天被视为疫苗接种之父，但博伊尔斯顿比他还要早好几十年。

请注意，许多实际的接种计划与博伊尔斯顿的接种并无二致。我们试图保护人们免受特定疾病的伤害，其中一些人通过接种感染了病毒，或因为接种受到了其他伤害。当暴露在真正的瘟疫中时，那些因为疫苗而感染过疾病的人，可能不会感染，或即使感染也不会受到太大的伤害。如果人口中 6/7 的人能在一场典型的瘟疫中存活下来，那么可以估计，因接种死亡的人如果没接种疫苗的话，那么其中至少有 6/7 的人也能存活下来。从事后来看，很显然我们利用了这些人为其他人提供保护，很多人得到了这样的保护。

由于脊髓灰质炎疫苗是活疫苗，因此接种萨宾疫苗可以产生一定程度的群体免疫，即那些没有接种疫苗但接触了减毒病毒的人也得到了保护。一个接种过疫苗的小孩与另一个没接种过的小孩玩耍时发着烧，而第二个孩子也发烧了，实际相当于也接种了疫苗。面临真正疫情时，比起通过疫苗接种保护了群体的孩子们，因为意外而得到保护的群体所面临的风险更小。在美国，萨宾疫苗是 1962 年之后才成为对抗脊髓灰质炎的首选疫苗的。

相对于活疫苗，还有其他选项，即灭活疫苗，例如索尔克疫苗。而使用活疫苗比起灭活疫苗的成本要高出许多。一些接种活疫苗的人会患上严重的、导致瘫痪的脊髓灰质炎：在美国每年有 5 例到 10 例，或者说每 56 万个初次接种的人中会有 1 例（Roberts，1988）。没有人会因为灭活疫苗而患上脊髓灰质炎。对于普遍使用萨宾疫苗的辩护是，它提供了一定的群体免疫。（事实也可能是一个利益集团战胜了另一个，因为供应疫苗可以带来巨大利润。）这是一个奇怪的辩护。它的意思是，为了给没参与计划的儿童提供免疫，要让那些已经接种疫苗的儿童承担额外风险。这个奇怪的观点并没有作为公开的理由告知那些让孩子冒着风险参与接种萨宾疫苗的家长，而且人们认为，如果有选择的话，很多家长都会让自己的孩子接种灭活的索尔克疫苗。

设想我们实际上拥有关于不同疫苗选项的很好的统计数据，数据表明，比起索尔克灭活疫苗，萨宾活疫苗确实能减少脊髓灰质炎的重症数量。事实上，我们设想这个差距很大。反对使用萨宾疫苗的政策，是基于我们不能利用一些人去为另一些人的利益服务的原则，或者引用康德主义的表述，我们不能把人仅仅当作手段。在这里，我们似乎不能援引不充分理由原则——认为无法搞清楚谁会受益，谁会替他们承担成本，因为我们清楚地知道，那些光荣地接受接种的人们承担了预期成本，而那些不接受接种的人们则获得预期收益。但也许我们能采取以下方式来援引这项原则，我们不知道哪些儿童的父母会选择保护他们，而哪些儿童的父母不会选择保护他们。[7]因而，如果事前决策要尽可能保护所有儿童，那么建议选择萨宾疫苗。

我们是否完全避开了"不为一些人的利益牺牲另一些人"的道德强制令？这个问题的答案取决于我们如何理解随机性知识与更简单的、非概率知识的关系。很多当代的康德主义者坚持认为，特定条件下的随机性推理并不能使我们从中脱离，因为无论是否可识别，事实上必定会有一些人被作为手段。也许求助不充分理由原则来摆脱康德主义困境是一种诡辩，但最终，我们很难看到，除了总体能最大程度减少脊髓灰质炎患者数量的计划以外，还有什么其他选择。

几乎所有关于大规模随机问题的政策，都不免要将一些人置于一定的风险中。假设人们中有相当大一部分拒绝寻求疫苗接种来对抗天花（或者脊髓灰质炎、艾滋病等其他疾病），主张他们宁愿接受自然带来的风险，也不愿接受疫苗的风险，即使自然的风险更高，对他们更不利。如果根除疾病依赖于从病毒携带者身上消除它们，就像根除天花和（可能）根除艾滋病那样，那么放任我们中的这部分人不免疫意味着疾病将通过我们这一代人存续下去，而不是被最终消灭。如果我们强制这些反对者接种疫苗，就像我们通常在学龄儿童中所做的那样，那么我们就是在强制他们承担一定的随机风险以降低总体风险。

在接下来要讨论的天花根除计划中，世界卫生组织在免责的情况下在第三世界的社区中强制推行天花疫苗接种，尤其是在农村社区中。人们几乎不关心是否会侵犯任何人的权利——消除天花的目标胜过任何其他考虑。正因为保护任何人拒绝接种的权利都会产生巨大的外部性，在这种情况下，认为权利受到严重损害是合理的。如果我想拒绝接种，就必须住在一个人迹罕至的洞穴中，这样才不会将他人置于风险中。

对于各种存在随机性问题的政策，风险的形式大有不同。在疫苗接种政策中，几乎可以确定，风险分布形式是很小的一部分受到影响的人会承担风险。简单来讲就是，很小数量的事前无法识别身份的人会承担高昂的成本。与此形成鲜明对比的是，在核威慑政策中，政策的坚决支持者认为风险发生的概率很低，但代价极大。在疫苗接种政策上，对于不同政策选项的影响人数，我们会很有信心且能达成共识。对于核威慑政策，事前我们可能只能模糊猜测受影响的人的相对数字，并且不同的人在这些猜测上会有相当大的分歧。事实上，即使是发表出来的相关猜测也存在很大分歧。风险在形式上的和评估信心水平上的差异可能很重要，但还不具有立竿见影的道德意义。

疫苗接种和核威慑政策都具有的典型特征是，它们的逻辑依据在本质上是结果主义的。为了给反对者实行接种，除了结果主义的理由，我们不大可能给出其他令人信服的说法。结果主义的逻辑是这样的：用对某些人的福祉造成的风险来抵消对其他人的福祉造成的风险。例如，在免疫接种的例子中，为了让大多数人长期免受伤害，我接受当下对少数人的伤害。在一些非结果主义的理论中，例如权利理论，基本的道德原则关注的是我们会给人们带来什么伤害。根据这些理论，杀死某些人来换取其他人的生存通常是错误的，即使能够挽救很多人的生命也不行。但是可以肯定的是，即使在这样的理论下，也不能说我采取的任何有风险的行为都是错误的，无论这种可能会招致对他人的伤害甚至死亡的风险有多小。考虑一个日常的例子。我经常会开车去餐厅，只是为了和家人或朋友共进愉快的晚餐。在这个很小的事情中，我也可能会因为驾驶事故而杀死某人。尽管为享受一顿愉快的晚餐——哪怕是最好的晚餐——而杀死某人是错误的，但认为冒着极小的杀死某人的风险驾车去赴宴是错误的，这种想法似乎也是令人难以置信的。这一个人层面的情况，本质上和大规模随机性政策是类似的。

许多道义论者似乎会立即作出一种直觉判断，即如果故意做某事是错误的，那么做一件会不慎造成同一后果的事，也是错误的（例如Donaldson，1985）。但这一直觉经不起推敲。个人冒着伤害他人的风险来实现自己的利益，这是生活中固有的，通常如果不是因为利益需要，人们不可能去故意做这种有伤害的事情。当然，不仅个人层面是这样，社会政策层面同样如此。例如，设置刑事司法系统同时带来了给无辜者定罪的风险。我们会试图降低这种风险，但只要是在一个现实运作的司法体系中，我们就不可能完全摒除这种风险。尽管有这样的风险，我们还是希望有这样一个体系，我们更多考虑的是相比没有司法体系的时候，这一体系带来了公正，尽管在特定情况下会有一些不公正的情况发生。道义论者认为我们不能以伤害无辜者来换取其他好处，而每一个我们设计出的司法系统都会违背这一老生常谈的主张。我们一直在这么做，并且几乎所有人都必须承认，我们宁愿这么做，也不能在没有司法系统的条件下生活。然而，我们在这种背景下的实际行为这一压倒性事实，似乎也不能阻止道义论者坚称明知故犯是不被允许的。

朱迪思·贾维斯·汤姆森（Judith Jarvis Thomson，1986：185）在谈到个人为了一点点利益而采取的行为有微小的让他人面临巨大风险的可能时说："如果这些想法是正确的——而且看起来确实如此——那么强制施加风险确实给道德理论带来了一个独立的问题。除了我们在何种条件下可能或不可能产生什么伤害的问题以外，一个进一步的问题是，我们在何种情况下可能或不可能施加什么伤害的风险有多大。"

汤姆森在这里指出，强制施加风险是道德理论的一个特殊问题，这对关注行为类型的道德理论是很有说服力的，很多具体的道德理论会关注行为的正当性，这样的行为包括撒谎、说真话、杀戮或任其死亡而不作为等（Thomson，1986：183）。她的观点对于关注结果的理论不一定具有说服力。在结果主义的理论中，特定伤害的风险只是比伤害本身权重要小（具体根据风险规模大小进行折算）——风险很难构成一个"独立的问题"。然而，在关于行为类型正当性的理论中，如果要计算相关风险，我们就必须把各种行为的各种后果的概率都纳入行为类型的定义。如果我们这么做，那么该理论就开始有些结果主义的意味了。如果一项理论以非结果主义为特点，重视的是行为和人而非结果，那么这个做法就会有去道德化的倾向。对于这样的理论，强制施加风险可能不仅是一个特殊问题，更是一个致命问题。一旦如此，在我们这个任何关键行为都有伤害他人风险的时代，这项理论就是存在缺陷的。因为这个和其他一些原因——尤其是产生良好结果的策略互动问题——将道德理论建立在一个行为"类型"的观念上，在逻辑上是前后不一致的（详见 Hardin，1988：68—70）。

在核威慑系统存在的年代，道义论哲学家反对美国的威慑政策，认为它违反了道义论的原则，因为它加剧了某些行为的风险，而故意做出这些行为是不道德的。[8] 这里，行为的本质有些奇怪。核威慑系统中的核武器被制造，并以这样一种方式来运作，即在受到攻击的情况下，确保核武器几乎一定能发射。不需要中央决策者来决定是否使用这些武器。事实上，如果能够通过编程几乎确保这些武器会在特定情况下被使用，那它们的威慑价值将是最大的。因此，行动本身不是核威慑理念的核心。于是，基于行动的道德理论为我们的行为提供准则，与对最精细的政策的批判并不相关。

该系统的制度结构所固有的一点是，如果要实现威慑（这种情况下，实际上永远没有发射任何武器的必要），在相关情况下使用武器必须是可信的。这就意味着绝大多数道义论对这一系统的批判搞错了重点所在。问题并不在于某人是否因为发射武器而违背了道义论原则，而在于这样一个进行可信威慑的制度系统是否符合道德。然而，道义论者通常并不会以这种方式解决这个议题。任何批判一定要将重心放在政策整体上，而不是放在任何在政策下且符合政策的行动上。该政策为的是预防战争。也许政策设计有问题，因而政策是错误的（即使是该政策坚定的支持者也必须承认，这是一个开放式问题）。但阻止战争的政策没有错（详见 Hardin, 1986a）。事实上，它与有着威慑作用的刑事司法体系有着很大的相似性，而刑事司法制度确实时常会出错。在美国重启死刑的年代，我们可以非常确定地推测，一些无辜者会被处决。

天花疫苗接种和核威慑在结构上具有惊人的相似程度。它们都是为实现一个非常好的结果而被设计出来，同时包含了引发灾难性结果的风险。其中有一点区别。在天花的案例中，大规模伤害是由自然造成的，尽管也很有可能是因为恐怖主义的行动才引发大自然带来的伤害，而在核威慑的例子中，伤害行为是由人类制度产生的。在一些天主教道德理论家看来，这个差别在道德上非常重要。根据双重效应原则，在天花案例中，我们怀着完全良好的意图，而其灾难性后果即使可能被完全预见，也不能算在我们的意图中。在核威慑案例中，我们有着在特定情况下进行伤害的意图，或者更可能的是事实上，我们是建立了一个会带来伤害的系统，尽管有人也会说我们创造了一种事物状态，在这个状态中，可能会出现怪异的流行病，部分原因在于没能继续推行疫苗的接种或再次接种，以保持人们的免疫力。

双重效应原则有两个作用。首先，它允许分摊道德责任，这在宗教道德中似乎很重要，因为在宗教道德中，人在生命结束时面临惩罚。它引入了一个犯罪意图的道德版本，定罪取决于意图而非结果。双重效应原则的第二个作用是应对行动的复杂性，而行动本质上是互动的，就像在核威慑政策中明确体现出来的那样。中世纪的天主教理论家已经发现，对行为进行界定时，完全脱离其效应是缺乏合理性的。对托勒密天文学与行星运动数据不匹配的早期解决办法，是在常规周期运动上加一个自转，双重效应原则与此类似。常规周期描述的是简单行为类型，自转将行动产生的效应纳入考虑，以某种方式重新评估行动的价值，但也并不会完全不再把它视为行为类型。

在宗教背景下，双重效应原则承担了分担责任的作用，并且当面对更加复杂的现实时，能够使得对行为类型基本理论的坚持得到合理化，双重效应原则在其他貌似合理的条件下都没有发挥作用。奇怪的是，在宗教背景下援引这种学说，意味着神对于正义的看法是基于行为类型的正义。但这位神没有意识到，对于人类而言，行动通常就意味着互动，也许是因为神很少面临互动的问题，只知道一些类似拨动开关、带来光亮的行为。尽管这个办法过于复杂，但双重效应原则的发明，至少从智识上说明我们对现实世界中生活的本质有了更进一步的理解。不过，双重效应原则是对这种理解的糟糕的反应，因为它没有抛弃先前的错误观点并开启更好的观点，就像在天文学中发生的那样。相反，因为坚持先前对简单行为类型的观念，只是通过一些附加条件来把其他复杂性部分纳入考虑，这样的做法使我们的理解变得混乱。

最后，一些本质上就是策略选择而非结果的行为也让汤姆森对行为类型的看法变得不成立。在这种背景（几乎所有的互动背景）下，某一行为本身的概念就不具有逻辑一致性。一项完全关于行为类型的道德理论是极其不确定的，因为我们生活中需要考虑的行为中有如此之多的互动行为。

制度决策

大规模随机性问题的一个特点是，应对这些问题的政策是由大型复杂的组织来实施的，事实上，通常是由一系列这类组织的复杂组合来实施，而这些组织自身的行为也具有随机性。因而，想要理解政策如何实施，我们有必要去理解相关制度是如何运作的，以及它们可能出现的运作方式。这意味着，在决定政策应该怎样时，我们必须同时了解有哪些实施的可能性。这其实也就是道德哲学家关于"应当"意味着"能够"这句格言的一个例子。如果我不能够做某件事，比方说把你从鲨鱼口中救出来，那么说我"应当"做这件事就是错的，并且也不应让我为没有解救成功负责。例如，当世界卫生组织通过 1967 年的《强化天花根除计划》(Intensified Smallpox Eradication Program)，设定将天花从世界上消除的任务，实际上，它之所以能以此为政策目标，也是因为当时很多国家已经有效地阻断天花感染它们的国民。因此，世界卫生组织能够把目标锁定在少数还有残留天花病毒的国家，在这些地方，它仍然会带来每年 200 万人死亡（Fenner, 1984: 843）。

即便如此，世界卫生组织也只能在其组织能力允许的范围内开展这项工作，包括获得有关天花病毒去向的信息的能力，这种能力主要取决于某些贫困国家得到自己本国人口相关信息的能力。在美国，组织良好的报告系统可能会让新的天花病例立即被国家卫生当局得知。这样的报告系统需要强力制裁和正面激励的支持，需要能够让报告变得便捷有效的交流体制，还需要历史悠久的完善的报告传统。对于世界卫生组织，在埃塞俄比亚、索马里、西非、巴西和孟加拉国并没有这样的系统。它的任务是在所有已知有天花流行的社区进行疫苗接种，同时努力开发一个报告系统，来提示有哪些其他社区也必须接种疫苗。

在世界卫生组织的项目中，政策或多或少是现场临时制定的，

D.A. 亨德森（D.A. Henderson）和他的同事们制定这些政策，目的是提高效率和速度。这项政策叫"寻找病例和环形接种"（case-finding and ring vaccination），也就是隔离任何感染者，并为那些很可能受影响的人们——在病人周围一个小的环形地理范围内的人——接种疫苗。如果这个方法能奏效，这一政策比起让每个人都免疫益处更大、损害更小，因为该政策比大规模普遍接种的实施效率更高。对所有人进行全面的疫苗接种不如在相关的、小得多的社区中实施环形疫苗接种计划成功。

为了确信天花已经被成功根除（通过隔离世界上最后一个受感染的人，直到此人不再具有传染性，同时此人附近的所有人都已接种疫苗），世界卫生组织最终必须开发一个几乎完整的报告或发现系统，以确保世界各地的所有社区都没有天花。一个疏忽遗漏就可能意味着毁灭性的瘟疫流行。野外最后一例更致命的天花——重型天花（Variola major），出现在 1975 年的孟加拉国，患者是一位 3 岁的女孩拉希马·巴努（Rahima Banu）。她活了下来，但她之后的命运我们却不得而知。最后一例轻型天花（Variola minor）出现在 1977 年索马里的一位厨师阿里·马奥·马阿林（Ali Maow Maalin）身上，他也活了下来（Preston，1999：53）。这两个案例之后，不再有野生的天花病毒。二十多年后，很难想象如果野外仍然有天花存活会怎么样。采取环形接种政策的情况下，根除的本质问题在于最后的病例能够被相对确定地知道并识别出来——至少在足够长的时间之后能够做到这些。实际上，这些病人还成了登上海报的名人，尤其是考虑到他们存活了下来，能够笑对过去的病痛。

现在再往前推一代人，假设我们（世界卫生组织）决定消除脊髓灰质炎，我们在某种程度上处在博伊尔斯顿的位置上，我们可能会给某些本来可以躲过感染的人带来伤害，但能够从整体上降低脊髓灰质炎的发病率。当我们为萨赫勒地区或孟加拉国的某个人接种疫苗时，如果认为我们只为在这个个体身上发生的事情而负责，那将是很奇怪的想法。我们不能按照为所有人带来益处和为少数人带来伤害，把疫苗接种政策划分为正确部分和错误部分。这些"部分"是不可分割的整体。坏处是好处要实现所必须付出的代价。我们的责任在于政策整体，因为我们明白它是如何实施的，而不是只为实施政策所带来的孤立的结果负责。如果我们派遣 50 位脊髓灰质炎疫苗接种员到实地工作，其中一位接种员负责接种的人群中有一人感染了脊髓灰质炎病毒，我们不会说这是这位接种员的责任，让她对这种致残甚至致命的疾病负责，而其他接种员担起了成功接种、提供保护的责任。这位不幸的接种员在出问题的这个病例中的行为是不道德的——这种说法是完全愚蠢的。我们这些采纳这一政策的人本质上应该为政策的整体结果负责，这个结果中既包括死亡的个别人，也包括预想中成千上万如果没有得到保护就会受到疾病折磨的人。

这就是重大随机问题相关政策的实施形式的基本结构，也是关于政策结果的道德责任的基本结构。疫苗接种带来的少量伤害能够为整体带来巨大益处，因此认为政策可以正当化，不存在道德上的责任——这种想法看似有道理。事实上，我们可以说，在一些情况下，我们可以合法地强制人们接受疫苗接种。例如，在美国，儿童必须接种一些特定的疫苗才能被允许入学，但他们同时被要求上学，至少在最近兴起的"在家教育"（home schooling）之前一直如此。另外，我们不妨假设，就像许多因白百破（白喉、百日咳和破伤风）疫苗受到伤害的儿童的父母所认为的，我们对这些偶尔出现的不幸的疫苗接种受害者所受的伤害是有责任的（Sun，1985）。（更合理的做法应该是将这部分后果纳入我们的疫苗接种政策，政策目标是全面促进福利，为因政策而受损的人进行一定程度的补偿，恰恰能够让政策进一步促进整体福利，事前和事后补偿都是如此。）

一个功利主义者自然会认为，这些伤害是为了避免更大伤害所作出的权衡，尽管它们仍然是伤害，但如果这种取舍在整体上被证明是正当的，就不会受到道德上的批评。其他道德理论的支持者强烈反对很多条件下所作的人与人之间的取舍，因此他们也会基于类似的原因反对这种条件下的人与人之间的取舍。例如，他们强调个人和个人利益不容侵犯，从某种意义上说，它们不应该仅为了让别人过得更好而被牺牲，就像在有意识地选择萨宾疫苗而非索尔克疫苗的政策时人们所做的那样。

　　有时，那些反对在人与人之间作出取舍的理论家却允许在伤害之间进行取舍——一些必要伤害是为了避免更大伤害。如果没有这样的提前预知①，忠于原则反对任何人与人之间的取舍，会让除了一些神秘的道德理论家之外的所有人都觉得奇怪，甚至异常，因为当面对许多甚至可以说所有随机性政策问题时，我们就会遭遇道德困境。想象一下，如果道德理论家坚称所有儿童都有权利决定自己是不是接种，如果不想接种就可以不接种，或者如果他们的父母不愿意就不接种，那么大多数父母会觉得多么难以置信。在重大政策领域，我们一定会假设，不管遵循何种道德原则，当对某些人造成伤害的较小的可能性可以避免对另一些人造成伤害的较大的可能性时，许多这样的取舍至少在原则上是被允许的。这样的权衡是很多政策的核心逻辑。在原则上拒绝这样的取舍就相当于说，即使是已知疫苗的接种政策也是不被允许的，因为所有已知疫苗都会伴随偶发的导致伤害甚至死亡的副作用，无论这些疫苗能够带来多大好处。而正如本书第八章将要提出的，通常情况下，我们可以主张，尽管政策需要做一定的权衡，但事前对每个人都是有益的。

公共政策

　　几乎所有引起重大公共政策行动的随机问题，都可能会包含外部效应，这既来自被监管行为，也来自监管本身。因而，像个人在赌博中作决定那样，对风险或概率进行纯粹的、简单的讨论，会忽略随机政策议题的核心内容。关于大规模随机性问题的政策常常也是随机的，这几乎没有例外。在处理这些问题的所有政策结果中，伤害和收益同在，并且在某种意义上，受损的人不见得会得到好处。

　　一般来说，重大政策议题至少有三个重要特点，可能会给基于规

---

① 指会有更大伤害出现。——译者注

则的道德理论带来困难。第一，这类问题一般只能通过制度干预来应对，未经协调的个人行动通常无法将其解决。因此，正如上文所讨论的，在个人层面上形成的理论必须被重塑，来应对制度性行为和可能性。第二，重大政策议题通常以个体间复杂的策略互动为基础。[9] 第三，这些议题的随机性通常是固有的，正如本章所讨论的。

其他具有类似随机性议题的政策有很多，包括建造高速公路和各种相关安全装置的政策、不同级别空中交通的许可政策、设置长假周末的政策、测试新产品（尤其是化学产品）的政策、生产能源的政策、基因工程的政策，当然还有核武器试验的政策。可能在很大程度上不那么明显的一个随机性问题是核威慑政策。正如菲莉帕·福特［Philippa Foot，1978（1967）：19］所推测的，即便是提升受教育水平的政策也可能与自杀率上升有关。对于天花疫苗接种政策，在概率方面我们可能很有信心，我们在高速公路各类限速政策、香烟或酒精的税收水平政策和其他很多政策上都是如此。而在核威慑上，在米哈伊尔·戈尔巴乔夫单方面结束冷战，而乔治·布什等西方领导人坚持认为此举是诡计之前，对于保持和放弃威慑政策各自可能出现的伤亡水平，我们只能靠猜测。

对于一些随机问题，我们可以进行测试；对于另外一些，我们无法测试。对于许多问题，我们能够通过观察微观层面上的长期数据来发现统计规律（例如我们对于高速公路交通死亡的各种效应的认知）；对于另外一些问题，我们只能在宏观层面来观察，以至于认知得太晚，使我们来不及对政策产生有益的影响（例如在核威慑政策中，以及在针对造成温室效应的各种因素的政策中，可能需要这些政策推迟一个新的冰河时代，我们才能知道是不是能够产生一定的收益）。

所有这些议题具有的共同特质就是它们的随机性。有人会说："人们死于交通事故是错误的。"但是如果要求解读这一说法，人们必须承认，它在政策层面的意义只能是，为了降低交通事故发生率，我们应该承担一定的成本，而这不意味着完全禁止驾驶。类似地，在疫苗接种案例中，我们有两个选择：接种或者不接种，即便疫苗可能带来直接伤害。我们不能等待一个完全安全的疫苗出现，而忽视等待期间天花和其他疾病的高发病率。每种情况下，政策决定都是在不同的罪恶之间进行选择，例如只是更少死亡和更多死亡之间的比较。沃丁顿［Waddington，1967（1960）］认为，这种随机问题是技术革新的常见产物。由于我们通常希望获得技术革新的好处，所以对于那些因为我们的干预而受到损害的人们，我们应该推行一项公共政策对其进行赔偿或特别照顾，尽管在美国，我们没有这么做的传统。高速公路政策、疫苗接种政策、航空飞行政策，以及很多其他情况下出现的受损者，通常是自己承担了损失，有时是通过事前购买的保险或隐性自我保险承担损失，尽管从道理上讲，在某种程度上这些受损者自己付出了代价，但他们减轻了他人的各种负担。

在所有这些随机问题中，支持和反对各种政策的观点大多在本质上是功利主义的。比起不接种疫苗，如果我们接种疫苗，那么遭受痛苦的人会较少。然而，反对直接要求人们采取特定行为的有意干预的观点，往往采取捍卫自由意志主义权利的形式。个人有拒绝接种疫苗的权利，有拒绝系安全带和佩戴安全头盔的权利。在某些情况下，比如在航空安全中，当我拒绝遵守某些安全规则会对其他人的安全带来显著的外部效应时，这种论点几乎不会出现。

疫苗接种案例的最简单版本有一个独特的有趣之处，使其区别于很多此类的案例。在这个案例中，事前，或者在政策实施之前，每个人的处境都是一样的。也就是说，事前成本和事前收益对于所有人都是相同的。此外，这些成本几乎完全限定在受影响的群体之内。这些特征几乎就是问题的本质。一些较小的时间或金钱成本可能并没有被平等地承担，但这些与其他成本和收益比起来微乎其微。只有其他人接种而自己不接种却从中获益的人，才会因为成本上显著的不平等而获益。降低高速公路交通死亡人数的成本不一定完全由受影响群体承担，成本和预期收益事前可能也不是完全平均分配的。近似地看，成本和收益可能与受影响群体相对应，例如通过精心设计的用户使用费来对应，但原则上不必如此。从这个角度看，很多其他大型随机性政策问题更接近高速公路交通问题，而非疫苗接种问题。这些问题的解决并不必然需要成本分摊。

结语

在一个较为简单的时代，对行为和行为类型的关注可能有一定的意义，但今天不再是这样。考虑一下从波多（Bodo）所处的时代到我们的时代所发生的变化。波多是 11 世纪圣日耳曼德佩教堂周围社区的一位居民，在他的时代，圣日耳曼德佩教堂所在地还在当时的巴黎市外（Leijonhufvud，1995）。在他的一生中，他可能总共认识了大约 80 个人。他的所有消费完全来自自己家庭的努力和与这 80 个人的交易，除了消费的盐——盐来自大海，经手了很多人，以及香料——香料比盐还要辗转更长的路途和交易链，要从亚洲来到法国。我们可以用一系列相对有限的行为来归纳他生活的特点，我们也可以很容易地认为这些行为能够定义他的道德。

对于今天的巴黎居民而言，波多的生活是难以想象的，因为巴黎已经不是波多所处世界中的巴黎了，它经历了很长时间的发展。在那个过去的世界中，分配正义的想法可能从未出现过，但一项有限的、团体性的慈善原则几乎作为一个法律来治理社会（详见 Hardin，1999c）。罗尔斯完成了从康德主义的行动伦理（可能适合波多的世界）到分配正义理论（可能适合我们的世界）的论证，他在智识上的成就是非凡的。他几乎只用了几个词就跨越了八个世纪的社会发展。下一章中，我们将思考他的理论能否站得住脚。

波多的世界和我们的世界之间的区别不仅仅在于沃丁顿所指的技术革新，还在于我们所从事行为的范围更广。除非行动理论能够根据我们的时代进行实质性的重塑，否则大部分道义论都应该被归入思想史，特别是被归入一个行动理论被严重误解的时代，但即使有误解，它仍然在很大程度上是适合那个年代的，那个很多世纪之前波多所生活的时代。康德的行动理论早在他的时代之前就已经失去意义了。

最后我需要指出，并没有理性选择或实用主义的道德规则等价物。只有在某些道德理论中，道德规则才具有压倒其他更丰富考量因素的地位。经验法则，以及教导年轻人要诚实、可靠并掌握社交能力，都是建立在心理学原因上的实用主义规则，而非出于应对会让人在面对选择范围时陷入困境的不确定性。基于实用主义的考虑，这些规则也可以被修改或拒绝。完全没必要遵循实用主义的道义学。对于不确定性，规则是一种奇怪的应对，因为规则一定是不完整的。而一些道德规则的集合，例如康德主义规则，在任何道德规则都必须严肃对待的某些情况下（例如政策背景下），几乎完全不能用来指导行为。

有些人提出，道德规则或多或少和法律类似。当然，法律很大程度上就是一套规则（Hart，1961）。法律固然也一定是不完整的，也应该是不完整的。法律不应该涵盖所有行为，对于那些制度上有自然认识论限制的行为，法律就算涵盖它们，也无法良好运作（详见 Hardin，1994）。法律还必须能够适应不断变化的条件和理解。这意味着，必须存在一个制度结构用以修订法律。我们并没有这样的结构来对道德规则进行监督和修订，除非存在一个具有这种权力的宗教实体，就像在中世纪的天主教欧洲和今天的大部分伊斯兰世界中那样。但是，这种对道德规则不确定性的解决实际上具有历史偶然性，某些宗教实体取得了强制性权力，可这些权力是对民众进行损害的权力，而非助益的权力。

我此处的目的并不是讨论道德理论本身。我的重点在于说明，通过忽视不确定性，规则被用作简化世界的手段。这种做法只是伦理学家的手段。与道德规则不同，在经验面前，实用主义规则总是做好了被修正的准备，而且它们总是可以被更重要的考虑因素所压倒。可以这样理解：它们能像科学因果主张那样被检验。道德规则往往来自形而上的或超验的理性，来自宗教宣言（出自一小圈与某位神有直接联系的幸运者们），或来自大胆的直觉。尽管有些道德规则可能会被修正，比方说在出现了更好的超验观点的时候，但它们不会轻易接受科学检验，而是"高于"这些对它们意味着玷污的检验。

如果我们从总体上看道德理论，很明显，一些其他的道德理论在随机性问题上也一定存在困难。例如，在很大程度上，美德论（virtue theories）是无法应对重大政策问题的。美德论常会把目的和手段放在一组函数关系中，根据这组关系来说明什么是美德，人们必须首先说出，我们希望美德达到的目的是什么。据此，一个人只要具有相关特征，他就是具有美德（善）的。如果我们把重点集中到行为上，就会把道德世界中的很大部分掩盖起来，关注特点几乎会让道德世界的绝大部分在我们的视野中被遮蔽。这种应对随机性问题的方法，是通过否认它的重要性来实现的。

同意理论和契约理论原则上应该可以应对随机问题，但它们必须在理性层面上假设达成共识，才能够做到这一点，即使是道德理论家，似乎都达不到这样的共识程度。可以说，基于自主性和个人权利的理论进行政策评估要更有趣。然而，直截了当地运用权利理论在像天花这样的疾病等灾难面前，会变得毫无道理，因为基于权利的个人行为必然会带来外部效应。自主性理论深受随机过程问题的困扰，这里大部分的讨论是关于这类理论中康德主义的分支。

最后请注意，康德理论中引起反对的核心和最根本之处在于以下两个步骤：第一，推导出在一个理想世界中人们希望每个人遵循的原则，这个世界就是"目的王国"，在其中，每个人都是目的，都是严格意义上的理性行为体；第二，坚持认为人们应该在我们的正常世界中遵循这些原则，而这个世界充满了不符合康德严格意义上的非理性的行为体，他们往往肮脏、腐败且邪恶。几乎每个人都赞同所谓的"一般化论证"（Generalization Argument）（如果每个人都这么做会怎样？），也就是说，一个人的行动方式，应该与他或她希望所有人都采取的行动方式相同。这是一个似是而非的观点，因为本质上，这项原则是直接针对我们实际生活的世界提出的，但在这个世界中，它的含义又违背常理，因而毫无意义（参见 Hardin，1988：65—68）。但这也不比康德的整个推理更加似是而非。

康德的理想世界"目的王国"极其良善且简单。在其中，几乎所有事物都一定是善的。在这样一个世界中，行为固然是简单的，简单到我们可以认为它就像按动电灯开关那样，只要采取行动就会立刻产生好的效果。这个世界与我们生活所处的复杂世界没有任何关系，在我们的世界中，由于策略互动和随机性问题，行动与结果的关系要复杂得多。从康德的超验视角出发，会得出辛德勒对纳粹军官撒谎（形式上是错误的，但实质上没错），比起不撒谎而任由很多人死去，在道德上更为糟糕——这样的结论既可憎又愚蠢。辛德勒的作为是我们所知最应该受到道德嘉奖的行为之一。这种理论之所以会认为辛德勒的行为是错误的，根本问题在于它忽视了我们世界的本质，在我们的世界中，行为本质上就是与他人的互动，因而，它比一类理论中的行为更为复杂，这类理论仅基于行为类型来判断某个行为是绝对的好或绝对的坏。只有在对复杂性进行不恰当处理的情况下，辛德勒的行为才能被称为"行为类型"。辛德勒采取了多种类型的行为，其中很多都涉及各种欺骗和谎言，但它们总体都是基于一个动机：使人们免于被送往纳粹集中营从而拯救他们的生命。

用一套道义论规则来教导儿童如何行事可能是适合的，实际上，这符合这些儿童的利益，或者可以用来教导智力上存在缺陷的人，就像密尔在其精英主义立场上所主张的那样。在波多所处的极其简单的世界中，它可能也能奏效。它的最后一种适用场景是专制且强大的宗教实体，这样的实体的统治或多或少会延伸至宗教范围以外。但在我们的成人世界中，它几乎忽略了所有有意义的事物。之所以如此，是因为它错误地以行为类型来为个人在社会中的行为进行定义，而不是将其按照互动来界定，但通常，我们的行为是互动中的行为。我们所处的世界具有不确定性的特点，在这种情况下掩盖不确定性，既损害了我们在这个世界中好好生活的机会，也损害了我们善待别人的机会。

【注释】

[1] 康德对自慰和自杀的严厉谴责并不基于对社会互动的关注。

[2] 马特森进一步说："当然，没有人会为康德的结论辩护。因此，如果该结论真的是从他的理论而来，那这个理论也应该被认为是荒谬的，甚至更糟。"根据学生对康德的大学讲座的课堂笔记，对于在被胁迫的情况下说谎，年轻时的康德持有的观点并不是这么一成不变，而是更人性化（参加 Kant, 1963: 226—229）。

［3］ 仅关于信守承诺的文献就体量巨大，可参见 Hardin，1988：42—43，46—47，48—49，59—65。

［4］ 这是标准的对一般性论点的反对，也是对本应解答的问题的答案的反对：如果每个人都这么做呢？如果每个人撒谎都不受惩罚，那会很糟糕。但如果通常是诚实的辛德勒为了保护生命而撒谎，那并不是坏事。关于进一步的一般性讨论，参见 Hardin，1988：65—68。

［5］ 人们可能会认为，这样的一般性论证在康德的"目的王国"（或完全理性人的社会）中会起作用。但很难想象这些人会是什么样。他们会喜欢和厌恶彼此吗？会相爱和失恋吗？如果这样的话，那么内格尔检验仍然会得出，我们不应该总是说实话。如果一个由完全理性的人构成的社会，没有容纳特殊的友谊和浪漫爱情的可能性，那么这个社会可能并不会令人愉快，而任何专门适用于这样一个社会的道德，都不适合我们这个世界。

［6］ 人们可能会尝试将疫苗问题放到康德的慈善的原则之下。该原则不是用来解决随机性问题的，例如表面上慈善的行为可能对有些人有益，同时会给另外一些人带来损害。它是用来解决本质上确定的问题的，例如一个人的慈善行为有明确指向，会给某人或某些人带来事实上确定的好处。

［7］ 你对自己的情况，以及其他家长中哪些会选择给孩子接种、哪些不会，可能是了解的，但政府所了解的，只是某些社区和社会群体更可能采取措施保护他们的孩子。这一关于制度性无知的主张，为援引不充分理由原则提供了正当性，因为为公众的疫苗接种计划选择索尔克疫苗或是萨宾疫苗，是一项制度所要作的决策。

［8］ 参见《伦理学》（*Ethnics*）的"伦理与核威慑"（Ethnics and Nuclear Deterrence）特刊中的多篇内容，参见 *Ethics* 95，no.3（April 1985）。

［9］ 我曾讨论过功利主义的这两个议题，参见 Hardin，1988：chapters 3 and 4。

第七章　不确定的正义

　　在法经济学之外，在当代政治哲学中，最有影响力的领域是约翰·罗尔斯［Rawls，1999（1971）］引发的关于分配正义的辩论。[1]任何定义分配正义原则的努力，都需要应对这一议题涉及的宽泛范围，而它们似乎都会受到不确定性问题的困扰。迄今为止，这种努力中最复杂的一个，就是罗尔斯为了掌控这一议题复杂性所作的尝试，这一努力说明想要应对不确定性是很难的。这很可能并不令人感到意外，因为如果我们加入集体价值的议题，仅是利益的不确定就会变得更为混乱，而一项关于分配正义的理论不可避免地会面对这种情况。如果个人层面的理性选择和一般的社会互动都会受不确定性的影响，那么诸如分配正义等规则也一定是不确定的。

　　罗尔斯本人对这个议题看得很清楚。尽管罗尔斯大概并不是在为自己的努力归纳特点，但正如他自己所说［Rawls，1999（1971）：56，65（65，75）］，他写下的几百页文字中，有一大部分致力于简化这些议题，以达成更接近确定性的结论。最后，尽管我们并不认同他的理论是确定性的，我们仍能够总结他所成功使用的一些技巧：他成功缩窄了分类正义所要关注的重点范围。（但是我们知道得太多了，不可能期待罗尔斯像霍布斯一样把焦点缩窄那么多。霍布斯假定社会科学是严重无知的，甚至无法判断民主和专制制度中的哪一个是更适合人们的政府形式。）在本书所讨论的理论家中，罗尔斯是最直截了当地承认自己所面对的深刻的不确定性问题的人之一，也是试图以最巧妙的方法克服这些问题的人之一。然而，他的理论最终还是具有不确定性，也许是非常严重的不确定性。检视为什么是这样，能够有所启发。最为突出的是，在他的基本善的分类中，一些不确定性被掩盖了，这将在下文中被讨论。

在这里考虑这一理论的价值在于，在功利主义之外，它是唯一在社会层面被广泛阐述和辩论的当代规范性理论，也是唯一一种经过不遗余力的设计，以尽量与人们所希望的确定性的世界相契合的理论。因而，来看看不确定性如何依旧困扰这一理论，会很有启发。在这里，我们并不是要对该理论进行全面的阐释或批判，而只是要解决它的不确定性问题。在一个本质上不确定的世界中，一个适合分配正义的理论本身或许就应该是不确定的，并且它的不确定性一定要与世界的不确定之处相匹配。因而，仅凭不确定性存在的事实并不足以推翻罗尔斯的理论，但这些不确定的特定特征会让其失去价值，变得逻辑上难以自洽。

罗尔斯是从平等和效率之间明显的冲突开始的，而这是两个互不相关的价值。他所关注的效率是生产效率。也就是说，他关注的是霍布斯主义的生产效率，而非帕累托的静态效率。（后者是严格关于双边贸易的效率，我们通过市场交换重新分配我们已有的物品。它是静态的，因为不涉及生产。）[2] 因而，在罗尔斯的解释中，平等是关于分配，而效率是关于用以分配的物品的生产。他的正义论就是为了把这两种考量统筹在一个决策规则中所作的努力。在集体层面，我们需要平等，而在个体层面，我们每个人都想要繁荣。罗尔斯希望把我们的资源和激励投入生产尽可能多的物品中，并用以分配，以实现繁荣。如果个体生产力很大程度上依赖于激励，那么它与平等之间就会出现冲突，因为激励生产采取的方法是让更有效的生产者以高于平均的水平来分享社会财富、收入或消费。因此，对生产效率的关注已经表明，物品的生产和分配之间的权衡可能存在不确定性。

罗尔斯提供了一个弥合这一明显冲突的方法。为了能够起效，他试图采取与霍布斯和科斯相类似的方法，他缩窄了我们需要考虑的可能的有效结果的范围。在霍布斯关于主权产生的契约论解释中，他以认识论和逻辑上的无知来缩小范围；在反对推翻现存政府的论述中，他则做出了过度自信的社会科学主张，认为对政权的些许反对即会带来毁灭性的内战。科斯使用市场价值在生产之外进行交易，这部分生产纯粹来自产权分配的转让。罗尔斯使用了差别原则 [Rawls, 1999（1971）: 65—68（76—79）; 1996: 6—7]，要求所有的不平等——经济的和政治的——"要为社会中处境最差的成员带来最大的收益"。罗尔斯的重点和霍布斯一样，是关于政治法律秩序的一般结构，而不同于科斯，科斯关注的主要是在既定政治法律秩序的背景下解决边际互动。罗尔斯关心的是事前的政府构建，甚至可以说是凭空构建政府。

罗尔斯的理论对道德理论家们极具吸引力，部分在于它将两种重大的思想流派结合在了一起：一种是基于平等主义的，一种是基于互利的 [例如，参见 Rawls, 1999（1971）: 13, 66（13, 76—77）]，二者可能是现代政治哲学的主流观点（Barry, 1989）。[3] 平等主义具有民粹主义的吸引力，然而令人意外的是，此前并没有一个明确的民粹主义倡导者像罗尔斯这样有实质性的理论进展。互利本质上是苏格兰启蒙哲学家大卫·休谟和亚当·斯密的分配正义，它是序数功利主义的核心（Hardin, 1988）。[4] 事实上，将其描述为霍布斯的正义理论也合理，尽管霍布斯不会看好这个几个世纪以来为规范政治哲学使用的正义的含义。人们长期为互利进行明晰的辩护，但奇怪的是，平等主义几乎没有得到任何辩护，也许是因为它的支持者认为其价值或善是理所当然的。

简单总结一下，"作为公平的正义"（justice as fairness）理论有四个主要要素：基础或基本善的集合、平等、互利，以及调节二者结合的差别原则。如何结合平等和效率对经济学家而言是重大的权衡，而罗尔斯对此问题的解决方法是诉诸对公平的特定主张。一个社会生产什么，很大程度上是这个社会的组织方式所产生的结果，它不仅仅是所有个体在没有任何社会组织的情况下，完全靠自己努力所做之事的总和。因为总体产出由社会所决定，所以对于个体社会生产的回报也应由社会决定。罗尔斯认为，任何理性人事前都会接受这样的决定，即允许所有能够为最贫困的人带来更好生活的不平等。如果一个允许很少个体成为亿万富翁的体系，其产出足以支持处境最差阶级生活水平的提高，而提高程度高于其他体系，那么这种明显的不平等就是正义的。

"福祉"（well-being）和"福利"（welfare）这两个术语并不足以表达罗尔斯想使之变得平等的内容。在他的基本善中，罗尔斯纳入了特定的政治权利、对于尊重的非常模糊的关注，以及对一般性的福利的关注。他将所有这些视为资源或者促进因素，而非福利。特别是，它们是公民在社会中发挥政治作用所需要的资源。遗憾的是，他的这组关注看上去有多个维度，要定义一个平等的概念来涵盖所有这些维度并不容易，因为它们无法简单相加。因而罗尔斯的公平是模糊的，并且存在逻辑上的不连贯。然而，在后文讨论基本善的性质之前，为了能在此处聚焦在这一理论的其他元素上，我暂时假设罗尔斯关于基本善资源的平等概念是简单的，我们可以直接拿来使用。

罗尔斯总体上对于平等和效率之间权衡的关注，表明他对生产性社会中通常的商品作为资源的关注。这略显奇怪，因为实际生产的很大一部分是消费品和服务，这些很难被视为对资源而非福利有所贡献（回顾本书第四章中波斯纳对财富最大化的讨论）。我之后会进一步讨论这个问题。

以赛亚·柏林（Isaiah Berlin，1976；Gray，1996：38—75）、乔尔·范伯格（Joel Feinberg，1975）和托马斯·内格尔（Nagel，1977）等价值多元主义者坚持多维性（multidimensionality），所以他们基本上坚持不确定性，并认为我们以及我们的理论应该与之共存。也就是说，他们认为存在许多不同的、独立的原则或标准，我们想要有一个正义理论与之契合，但不存在一个能够整合或结合所有这些原则和标准的总体性理论。他们的这一立场是很合理的，因为不确定性是我们社会生活的核心，也可以说是我们价值的核心。在对直觉主义的讨论中，罗尔斯非常认真地对待这些多元主义者的立场［Rawls，1999（1971）：30—36（34—40）］，但他认为自己的差别原则可以处理这个特殊问题，"因为它根据促进最不利者前景的程度对所有的目标组合进行了排序"［Rawls，1999（1971）：280（318）］。

罗尔斯因此将两种不可比较的价值（福利和平等主义）放在一起。

从原则上讲，这可能是当代政治哲学中最聪明的举措。他通过让正义论具有确定性来实现这一点，至少在抽象层面是这样的。事实上，他对此有明确的说法：差别原则"消除了效率原则（互利）的不确定性"［Rawls，1999（1971）：65（75）］。早些时候，他提出直觉主义者可以主张产生一个确定的结果，但他们只能通过援引一项"规则"才能做到这一点——就像在罗尔斯关于无差异曲线的观点中那样——这并非一项任何人都可以简单遵循的客观规则，就像任何人都可以遵循差别原则那样。让自己的理论克服不确定性是罗尔斯的核心的、驱动性的关心，但在回应罗尔斯理论的大量文献中，这个问题很大程度上被忽视了。

对于罗尔斯的理论而言，维度这一问题仍然没有确切的答案，因为尽管罗尔斯认为自己的理论原则上是具有确定性的，但他还未清晰地说明他的政治资源的多种元素是如何组合在一起的（而不是它们如何被分配）［Rawls，1999（1971）：56，65（65，75）］。任何认同不确定性是社会分析中极其困难的一个问题的人，都会在原则上把罗尔斯的理论视为重要的成就。

我将从几个方面考虑"作为公平的正义"这一分配正义理论。首先，我会简要解释生产力与平等之间互动问题的本质，这一点是理论的驱动；随后对"作为公平的正义"理论的元素进行罗列，包括对该理论在平衡生产力和平等上所做的核心努力进行简单的说明；然后对互利的复杂性进行说明。其次，我将简要分析科斯定理背后的两阶段论证与"作为公平的正义"之间的关系。最后，我会讨论资源、基本善和差别原则这三个相关议题。罗尔斯的基本善比只有单维度的资源复杂，而它们的复杂性导致更大理论中必然存在根本的不确定性。

平等与生产效率

我假定，在（分配）正义的理论中，并没有必要促进对平等的关注。相反，问题在于如何实现它。罗尔斯承认并且可能接受古典经济学家的社会学主张，即认为只有将所有人的地位都降低到某一共同标准，才能实现真正的平等（参见下文引用的休谟的论述；Scitovsky，1952；Okun，1975）。这样的结果是人们丧失提高生产力的动机，以致平等社会都普遍陷入贫困。正如休谟、哈耶克（F.A.Hayek，1960a：44）和其他许多人所认为的那样，我们可以让有能力的人放手博得比平等更好的回报，这样最贫困的人也能过得更好（更为整体的说明参见 Hardin，1988：126—137）。罗尔斯接受这种可能性，并将其作为他的互利原则。

休谟在 1750 年左右的著述中表示，现代平等主义意义上的分配正义是有害的。他将对平等主义这一抽象原则的关注，归咎于一些纯粹从理性出发而不在乎现实世界中是否有可能实现的作家们，以及 17 世纪的平等派们（Levellers）那样的宗教狂热者，他们要在英国建立一个基督教的、平等主义的、自给自足的农业社会 [Winstanley，1973（1652）]。尽管休谟一直秉持从功绩（merit）出发的观点，但他在平等主义分配问题上的论述可以说是非常现代的观点了。他写道：

> 完全平等的想法……在根本上是行不通的；如果要推行，会给人类社会带来极大的危害。就算让财产平等，也会由于人们的技艺、关切和努力程度的不同，而立即打破这种平等。或者，如果你抑制这些美德，就会让社会陷入极端贫困状态；非但不能阻止少数人的匮乏和赤贫，还会让整个群体不可避免地陷入贫困。最严格的调查是必要的，以在每一处不平等出现的第一时间就进行审查，最严厉的管制也是必要的，以惩罚并纠正不平等。但除此之外，如此强大的权威很快就会沦为暴政，并且会带着极大的偏袒来执政。在这种情况下，谁有可能掌握权力呢？[Hume，1975（1751）：sec.3，pt.2，p.194] [5]

在这段话中，休谟提出了反对平等的两个标准论点，可以用当代词汇表述如下：第一，平等意味着减少对那些特别高产的人的激励，导致平等和生产效率之间要进行取舍（Scitovsky，1952；Okun，

1975）。第二，赋予一个可能反复无常的政府实现平等的权力，也就赋予了它做很多其他事情的权力，包括非常不可取的暴虐的事情。有人还会补充，这样一个强权政府会使主要执政者变得富裕，就像在很多专制国家发生的那样，在其中一些国家，专制者的职位已经变成一种可继承的权利。

在讨论这些问题时，休谟首先提出了一个观点，这一观点随后被F.Y. 埃奇沃思（F.Y.Edgeworth，1881）和其他功利主义者发展，即在典型的不平等中，我们"从穷人那里剥夺的满足感一定会大于给富人增加的满足感。给一个人的轻浮虚荣带来些微满足，常常比提供给很多家庭甚至省份的面包还要昂贵"。休谟想象不到比尔·盖茨的财富能有多么庞大，就在我写下这些时，比尔·盖茨的财富以百亿美元计，超过了世界上很多贫穷国家财富的总和。尽管平等有着这种清楚的，本质上是功利主义的吸引力，休谟仍然认为这是个坏主意，因为它不可能实现。

让我们用简单的说法来表达这里的中心问题。收入完全平等（以及财富平等，但这里我们先简单假定排除财富）相当于将生产总量作为集体提供的物品，由全体生产者均等分享。我对生产的贡献不影响我的所得，因为，以在美国为例，我从自己所贡献的产出中可以获得大约 2 亿分之一。如果每个工人的收入大约为 2 万美元，我的努力带给我的是百分之一美分，而我 2 万美元收入的其他部分则来自其他人的努力。对于任何为了赚钱而工作的人而言，这样的制度产生不了任何激励作用。有些人工作也许是为了其他目的，比方说工作本身的乐趣，或者按照新社会主义者的理论，工作是为了社会利益。然而，在罗尔斯的理论中［Rawls，1999（1971）：13（14）］，我们应该排除那种"强烈且持久的仁爱冲动"存在的可能性。

再加上复杂之处在于（这有些过于复杂了），在任何现存国家中，所有工人中的一大部分可能都不喜欢他们的工作，也就不会出于热爱工作而努力工作。这并不像马克思主义者有时所声称的，是当前经济组织的反常现象。真正的平等主义在人类小型团体中也许能够较好地发挥作用，但想要做到这一点，通常需要群体对那些真正的偷懒者有强大的制裁权。排斥规范（norms of exclusion）在小的群体中可能非常强大（详见 Hardin，1995：chap.4）。但对于一个包含联合生产者的很大的社会而言，这些并非可行的手段，在这样的社会中，需要有一个对这个更大社会承诺的普遍规范才能激励人们。这样的规范很难维持（Hardin，1995：chap.5）。

总而言之，我们绝不能指望一个纯粹的平等主义体系能运转。一个社会中，不平等的存在能够动员人们做出贡献，平等社会与之相比，不仅生产力低下，还是贫困的。因此，平等作为一项目标，必须做出妥协，以获得至少一定水平的生产力。合理的妥协对我们所有人都是互利的。

"作为公平的正义"

人们通常认为，关于道德的所谓的"理论"不同于单纯的评论，在其适用范围内必须是一致且完全的。事实上，没有一个现存理论可以完全满足这些苛刻的条件。原则上，经典的可加总功利主义是完整的，而且由于它只有一个衡量价值的维度，它也是内部一致的，尽管它的价值理论在概念上可能并不自洽。[6]互利理论原则上也是逻辑一致的，但它们有时是不确定的，所以并不完全。例如，可能存在两个互利的结果，其中一个对你更有利，而另一个结果对我更有利。简单的互利标准无法说明我们应该选择哪一个。然而可以说，对于它所应用的世界而言，这项理论是最为适合的，因为这个世界就是不确定的。因而，我们设计的适合正义理论的制度也不是完全确定的，罗尔斯的制度也是如此［Rawls，1999（1970）：176（201）］。

由于罗尔斯的分配正义由两个明显不可比较甚至相互冲突的要素组成，因此我们可能预期它会存在不一致。事实上，将罗尔斯的不同价值结合在一起在逻辑上一定是不可行的，或者必须纳入第三个独立原则，用以在互利和平等发生冲突时平衡二者。同样地，罗尔斯也采纳了第三个原则。在此原则下，平等和互利能够在分析层面上结合在一起，无需对它们进行平衡。根据差别原则，如果互利原则适用，就自动采取互利原则。粗略地讲（后文也会进一步厘清），首先，或者说按照固定顺序，我们采取平等原则，坚持完全的平等。接下来，我们在这个平等状态下采取互利原则，从处境最差阶级开始（在这里，实际上就是所有人，因为所有人都是平等的）。可能存在很多互利的举措可选择，而我们选择能让处境最差的群体改善的那个。[7]

在这个由三部分——平等原则、互利原则和差别原则——构成的理论中，互利原则只是序数功利主义，而且我们必须假定它具有序数功利主义的不确定性问题。[8]然而，"作为公平的正义"不一定有这些问题，因为在其中，通过差别原则采取的平等原则对其做出了限制，至少在原则上是这样。然而，罗尔斯的平等原则存在一些混乱。它是人际可比的，并且部分是基数的，但看上去也存在一定的不确定性。它有几个项目——包括权利和财富，就有点像水和油在一起——它们通常在讨论中被称为"资源"，并且必须能够以某种方式比较或结合。如果你的 X 比我多且 Y 比我少，如何才能比较我们各自的总资源？罗尔斯和他的一些追随者有时会假定这个问题不存在，但罗尔斯有时会明确地承认它（例如，Rawls，1996：180—181n）。

这个方法还存在另一个潜在的缺陷。当我们比较两个事物状态时提出，第一种状态中处境最差阶级比起第二种状态中处境最差阶级活得好一些，我们不一定是在比较每个状态中同样的处境最差阶级。在一个状态中，处境最差阶级可能是某个职业群体，而在另一个状态中，处境最差阶级可能是另一个职业群体。因而，这个方法只能是完全事前的，因为被我们决定命运的人们的身份事前并不明了。我们不会将互利标准运用到现存真实世界的分配中，来决定是不是采取另一种分配方式。原则上，我们将其应用到所有可能的事物状态中，而并不去考虑处境最差阶级实际上是哪些人。不充分理由原则让我们避免了一些问题，就像霍布斯那样。罗尔斯也强调了不充分理由原则，他提出了"无知之幕"（veil of ignorance）的概念，我们——或者我们中的一个人——就是在这无知之幕的背后，对组织社会的制度进行选择的。

互利

一般情况下，如果我们说某种组织社会的方式是互利的，那么我们必须说明它相对于哪种组织方式而言更有利。这意味着，实际上一项互利理论可能几乎是静态的，因为从一个实际或假定的事物状态转移到任何另一个状态，都可能会让一些人受损，尽管这种改变可能会让大多数人获得好处。互利理论因而是相对确定的，原因很简单，因为它规定了静止状态。罗尔斯尝试避免这一缺陷，他明确规定要有特定的初始状态，其他状态都要与其进行比较。在初始状态中，就有限的基本善集合而言，每个人都是同等富裕的。[9] 当下，让我们进一步简化基本善的类别，并将这些善称为"资源"，而个人可以或多或少地掌握这种资源。

在资源平等的初始状态中，可能每个人都非常贫穷，因为正如上文所述以及休谟、哈耶克等其他多位学者所论证的，如果对生产力缺乏差异化的激励，那么平等社会的生产力会严重不足。那些更具才华的人，原本应该生产力更强，却因为缺乏激励而不愿尽最大努力去生产惠及他人的物品。事实上，如果按平等主义进行分配，那么产出就几乎都是他人的收益，因此不会有人有意愿从事生产。因此，纯粹平等意味着极端贫困。然而，采取差异性的激励措施，带来的不仅是生产力的提高，也一定会导致不平等，甚至可能是极大的不平等（Rawls，1996：281—282；Okun，1975）。

让我们以一种简单的方式重述罗尔斯的论点，将对生产的激励效应从平等主义的驱动中区分出来。我们生产的大部分物品，既可以被视为消费品，也可以被看作资源。但是，当下让我们把它仅仅看作会被分割的资源的增值部分。我们能够通过允许对生产力的补偿性支付（side payments），来增加待分配资源的总量。如果这些补偿性支付少于它们带来的资源增加值，那么社会中的待分配资源就会出现一个净收益。[10] 如果净收益均等分配，每个人都会比在初始状态中有所改进。但比起那些只平均分享了超额生产收益的人，那些受补偿性支付激励的、生产力更强的人的收益会更高。

因此，我们有两个平行的分配系统：为刺激生产力而进行的补偿性支付的分配，以及扣除补偿性支付后，所有人平等分配剩余的总产量。然后，即使那些只得到扣除补偿性支付后的平均份额的人，也比他们在一个纯粹平等主义的系统中的收益更好。因而，这个体系对那些最穷困的人是有利的，这种不平等的存在能够增进他们的富裕程度。如果我们假定，两种分配体系所分配的物品本质上是相同的，那么将二者联系起来的，就只有因果的问题，而没有其他概念问题了。

为什么从我生产的物品中抽取一部分并分配给其他人是公平的？因为我们每个人努力获取的回报，很大程度上是通过两种社会的和集体的方式生产出来的。第一，就像阿罗（Arrow，1978：278—299）所说："社会互动产生的收益远超单个个人和子群体能够产生的收益。稀缺个人资产的所有者对这些资产并没有实质性的私人的用途，只有在一个大的系统中，这些资产的价值才能实现。"其他人有助于我生产我所生产的物品，因此，公平起见，他们应该分享这些产品的部分价值。第二种回报方式与我们社会组织方式存在另一种关联。我们的生产力不仅是个人努力的结果，也是因为社会方式有助于让我的努力变得更具生产力，超过我自己进行生产所能达到的程度。我们根据差别原则来选择组织社会的方式。我们本来也可能用一种有利于他人，却让自己受损的方式组织社会。因此，严格来讲，我应该与他人分享我的部分收益，这才是公平的，他人做出的贡献之所以回报较少，是因为他们目前身处的这套制度安排。

"作为公平的正义"和科斯定理

让我们回顾科斯的做法（本书第五章中所讨论的）。通过产生额外的基数净收入来分配给双方，与事前的状态中各自的状况相比，双方都得到了更多——通过这一方法，科斯实现了双方的序数性改进。罗尔斯采取了一种类似的做法。这乍听起来令人难以置信，因为罗尔斯的理论和霍布斯的理论一样，关心的都是整体治理结构，而科斯定理的核心在于如何在已有经济和社会秩序的基础上改进生产效率。罗尔斯的做法是，从平等状态出发，引入能够促进生产力的不平等回报，再将生产所得的超额收益分配给所有公民。互利是通过给所有公民分配资源实现的，这种资源本质上是基数价值资源，与科斯通过分配美元基数收益给各方来达到互利是类似的。

不幸的是，这两种做法之间存在着实质性差异，说明罗尔斯的举措可能在逻辑上并不一致。科斯的方法是以价格体系为应用条件的，因此双方才能在科斯式的议价中，采取现有价格来掂量他们生产所付出的努力和从中得到的收入。此外，如果他们重新分配某些资源的使用权来提高生产力，那么资源分配中的受损者——科斯定理中的农场主（参见本书第一章中的讨论）——能够通过自己生产中收入降低的程度来评估重新分配给自己带来的损失。接下来，农场主也就知道自己应该得到多少补偿，才能让自己比在不选择重新分配生产资源的状态下获益更多。

想要实行科斯的办法，就必须有一个现行的价格体系，对于罗尔斯也是如此，需要有一个现成的体系来测量罗尔斯一揽子资源中的各种元素。罗尔斯并没有现成的价格体系来评测各种各样的资源对于公民们而言具有多大价值，因为他的分配是事前的，早于持续的经济体的出现——此时是没有价格的。因而，罗尔斯的资源必须通过其他方法来测量。例如，可以采取内在测量的方法。一项内在价值理论——劳动价值论（参见本书第四章的讨论）——无法发挥作用，因为在这种情况下，它是自相矛盾的。差异化激励的核心观点是让那些劳动价值更高的人（因为他们生产力更高）为资源作出更多贡献。更一般地说，我们事前是不能为各种资源估值的。它们只有在运行的经济、法律和社会秩序中才能产生价值。[11] 根据以上原因，某种最初的感觉确实是对的，即认为罗尔斯和科斯的理论具有相似性是不合理的。他们的理论结构相似，但在相关点上，科斯定理所具备的内容在罗尔斯的理论中看上去是缺失的。

解决这一难点的办法是，明确指明罗尔斯的理论是针对特定社会的，针对那些大致相当于我们这个时代的北大西洋区域的先进工业社会。这样我们就可以假定我们了解资源（例如财富）的有效价值。事实上，我们有一个价格体系，能够在因果意义上告诉我们可以运用这些资源做什么，并据此为它们定价。然而，只有当我们假定当前的整套制度——它决定了各种资源的价值——至少大致符合罗尔斯理论的标准所定义的公正时，这个办法才可行。

资源

现在，让我们尝试解读所有这里提到的资源的概念。首先要注意有时会出现的某种主张，即应该分开资源和福利，且我们应该把关注点放在资源上，它在概念上并不像其倡导者［如罗纳德·德沃金（Ronald Dwokin）和阿马蒂亚·森］所认为的那么具有说服力。资源的重点在于它能够被转化为消费，消费则能生成福利。我们通常需要资源来享受生活，因此，这三者是可以相互替换的（详见 Hardin, 2001）。如果不可能用资源换取消费，那么拥有资源本身就毫无意义。因此，我们无法在概念上将资源和福利分开，因为资源本身没有意义。但在某种意义上，我们可以在概念上将福利与资源分开。福利在概念上是优先的。

然而，对资源的关注具有独特的效用。假设我们的资源有一个单一度量标准，比如可以严格按照货币或收入来测定。此时此刻，我们的集体资源总额是固定的。因而，直接运用到当前状态的资源主义理论不可能是互利理论。所以它一定要在某种意义上关注公平或者正义，而不是福利。有两种让这种理论变复杂的方式。第一，如果我们能够生产更多资源，那我们所关心的分配就不是静态的，而是动态的。罗尔斯根据固定顺序，优先考虑资源平等，再引入对福利的考量——前提是后者不会减少处境最差阶级的资源，通过这样的方式，罗尔斯将两种关注结合在一起。这一举措并没有明确说明对于福利的关注，但总体上，关注资源的原因很清楚，那就是资源可以产生福利。

第二，如果资源是多维的，那么它们的整体价值仅通过交换就能增加，因为商品的总体价值通常可以通过互利的交换得以增加，就像在自愿交换消费品的帕累托静态效率中那样。例如，假设我们的资源是货币和政治渠道（或者获得其他形式的社会资本的渠道）。如果我用我的一些政治机会来换取你的金钱，那么我们可能都会有所收益。这样一来，我们就有了一个互利的静态再分配。然而，一个不幸的复杂情况是我们不再有一个衡量资源的标准，不再能容易地指出资源平等意味着什么。看上去，我们必须有一个与福利的序数理论相似的资源的序数理论来排除精确的人际比较。然而，福利的序数理论很大程度上是主观的，因为与你交换商品带来的我的福利的增进，是根据我对这些商品的主观评价得出的。在资源的序数理论中，我的资源价值的增加是根据这些资源的因果效应得出的，即它们能够让我实现什么。同样地，资源能让我实现的目标中，最主要的目标就是提升福利。

人们可能会认为，罗尔斯、休谟和当代经济学家对生产效率和平等之间的权衡的道德关注，可能主要是关于不平等的消费。从历史上看，这似乎是关于平等的辩论中的主要焦点。[12] 但是罗尔斯希望关注的是不平等对于个人政治角色的影响。他的理论绝对是一项政治理论。在这样的理论中，某人财富的问题，比方说比尔·盖茨惊人的财富，并不在于让盖茨在其他人一贫如洗时享受极尽奢侈的消费，而在于它可能会让盖茨在政治上拥有比我们绝大多数人更大的发言权。通常，存在于他人贫乏背景中的财富议题是一个道德问题，在概念上与罗尔斯的政治关注并不相关。

这种政治关注在概念上是不是与历史上对消费或福利的关注类似？如果资源并非为了福利，而是为了政治，那么资源在概念上就取决于它能够在政治上产出什么。个人的政治角色在概念上一定是先于政治资源的。不幸的是，自阿罗定理［Arrow，1963（1951）］发表以来，公共选择文献打破了任何想要对个人行为和政治结果之间的因果关系作出逻辑上一致的理解的希望（Hardin，1990；Barry and Hardin，1982）。布莱恩·巴里（Brian Barry，1980）说的很对，通常幸运比强大更重要。也就是说，不论自身的努力程度如何，能碰巧成为大多数中的一员，从而得到自己想要的结果，要好过通过个人自身努力获得能力来实现自己想要的结果。更为普遍的是，仅对策略可能性进行博弈分析就可以立即知道，个人如何进行选择不可能存在一个确定性的理论，因为个人选择和结果之间的关系非常松散。事实上，我们甚至不能说，如果盖茨为某位候选人的竞选花费 10 亿美元，那么他是帮助了这位候选人，还是造成了选民对这位候选人的反对。政治中的因果关系往往是充满不确定性的泥沼。

因此，尽管我们可能主张，对资源的福利主义关注具有很强的一致性，但我们也不能说对资源的政治关注具有多强的一致性，它可能根本没有一致性。在前者中，福利在概念上是先于资源的。有任何政治角色的概念是先于政治资源的吗？很可惜，在这一点上该理论没有详细细节，同时是不确定的。[13] 由于公共选择、博弈分析和其他原因，它在概念上是不确定的。也就是说，它在本质上就是不确定的，而不仅是因为当前社会科学理解水平的限制而具有偶然不确定性。政治资源理论的问题不仅在于我们缺乏理论，而且该理论对资源的确定性理论这一想法持反对意见，它的反对是令人信服的。

我们这个时代对资源主义理论的转向，部分（甚至可能主要）是为回应福利主义概念中明显的难点。关注资源被认为可以以某种方式简化分析，就像关注金钱一样。为了让资源的概念独立于福利，资源理论家认为获取它们的机会关乎公平，而不是结果。因而，我们在乎的是给每个人平等的机会，而不是平等的结果。在运用机会后，有些人成为比尔·盖茨或沃伦·巴菲特（Warren Baffet），有些人变得一贫如洗。有些成为在哈佛大学教书的哲学博士，有些则成为大波士顿地区的出租车司机。罗尔斯也已经转向机会，但他在讨论中并没有将资源和福利那么清楚地分开。

进一步考虑资源性质中的一个议题。罗尔斯（Rawls，1996：178—187）再次提到资源，部分原因在于他想进行人际比较，如果无法进行人际比较的话，那么他会认为"平等"这一概念也毫无意义。按照边沁或其他人所说的效用或福利的人际比较的方式，我们并不能够清楚了解资源在人际比较中的含义是什么。但是如下文即将讨论的，一些被囊括在罗尔斯的基本善中的资源是客观的而非主观的。它们也可以以一种福利显然无法实现的方式自由交换。简单来讲，我能把我的钱给你，但不能把我的幸福给你（但可能你会接受我偶尔的不幸福？）。同时，它们通常本质上是基数的。如果它们具备所有这些特征，它们就像博弈中的冯·诺伊曼-摩根斯坦的货币-计量效用（money-metric utility），看上去或者行动起来都类似货币。罗尔斯的收入和财富都符合这一特征。他基本善清单中的一些元素同样也是客观而非主观的，但它们不具备这里讲到的其他特征。

基本善

这里简单地考虑一下罗尔斯基本善的本质中的一个突出问题，也可以说是任何关于平等的分配正义的政治理论中的一个突出问题。以下是基本善的一个简要清单［Rawls，1999（1971）：78—81（90—95）；1996，181］：

1. 基本权利和自由。
2. 迁徙自由和择业自由。
3. 在政治和经济制度中，担任职责岗位的权力和特权。
4. 收入和财富。
5. 尊重的社会基础。［Rawls，1999（1971）：386—391（440—446）］

罗尔斯（Rawls，1996：179）认为这些对所有人都是互利的，因而我们必须将它们看作资源或福利。可以推测，罗尔斯是拒绝按照福利主义的概念理解它们的，在他所做的相关讨论中，罗尔斯通常将这些视为在社会中进行充分政治参与的资源。

无论我们在基本善清单中的其他要素方面处于什么位置，我们都可以通过差异化回报来增进财富。这样的话，增加的财富是否会影响清单中的其他要素？如果是像美国几位亿万富翁那样的财富，那它们肯定会，甚至可能中上阶层的财富，就足以产生这种影响。因而，我们需要关于这些项目如何互相作用的因果理论，以及关于如何对它们进行权衡的原则。假设经济繁荣使我的收入显著增加，同时，经济繁荣也创造了亿万富翁。亿万富翁比我们大部分人拥有更大的政治影响力，我的财富增长能够抵消在政治机会平等上的损失吗？

对于清单中的最后一项——尊重，没人曾给出一个令人信服或明确的解释。[14]一个典型的模糊说明是："把另外一个人视为有道德之人去尊重，就要努力从他的立场来理解其目的和利益，并请他考虑接受对自身行为的某些约束。"[Rawls，1999（1971）：297（338）]此外，无论尊重是什么，看上去都来自社会中的其他个体，而不仅来自国家。因而，我们需要先知道它是什么，再知道一个国家如何组织并引发尊重。尊重尽管是模糊的，但听上去是好的，民主主义者和平等主义者应该会乐于拥有它。罗尔斯将尊重放入清单，部分是为了回应对其理论的早期批评，"尤其是对它未能考虑到地位的相关性"[Rawls，1999（1971）：xix（x）]，部分是为了处理其他议题。假设我们能很好地界定这个概念，再假设我们能够理解不同政府组织形式会如何影响尊重，那么我们就必须做出决定，如何用地位交换清单上的其他项目[Rawls，1999（1971）：55，217（247）]。罗尔斯总体上承认基本善之间存在取舍关系，尽管他有时会否认这一点[Rawls，1999（1971）：182（207）]。[15]事实上，根据社会的政治和经济组织方式的不同，这些项目在不同个体间会有独立的变化，因此必然需要做出权衡。

如果没有一个统一的原则说明如何权衡或加总基本善中的元素，我们就无法确定地知道差别原则是否适用。在一处脚注中，罗尔斯意识到了这一点。[16][这让人想起"巨蟒组"（Monty Python）的一个短剧，剧中一位警察局局长对一位"脆皮青蛙"（crunchy frog）糖果的生产者说，糖果中有死青蛙的话，不仅应该在配料表中清晰地列出来，还应该在包装正面用大红的字醒目地写出来。]只要知道基本善包含一种以上的元素，人们就会想到一定存在这样的问题。

引入基本善，显然是为了简化我们必须向公民提供的物品，并规避福利的复杂性和不确定性。福利之所以复杂，主要是因为它在本质上是主观的。然而在这里，我们遭遇的复杂性来自一系列表面上客观的考虑，除了收入和财富，这些因素可能很难很好地测量，并以此对个体差异进行排序。当清单中的两个项目朝相反方向变化时，即便是对一个人的差异进行排序也是不可能的，特别是当我们要对它们进行客观排序以保持每个项目的吸引力时。这个"基本善"的标签就像一块地毯，掩盖了这些不确定性。

差别原则

回顾关于差别原则的陈述，它要求所有的不平等"都是为了处境最差的社会成员的最大利益"（Rawls, 1996: 6—7）。在这一陈述中，隐约可以感到双重最大化问题的存在，就像边沁缺乏一致性的公式——"最大多数人的最大利益"一样。边沁的公式被嘲讽是合理的，就像我们在第四章中简要谈到的。罗尔斯充分认识到了双重最大化思想的不一致性［Rawls, 1999（1971）: 280—281（318）］。事实上，他把这种不一致性作为论点，来支持他对社会中处境最差的人群的利益的关注——他称之为"民主"［Rawls, 1999（1971）: 65（75）］，而不是关注所有人的利益，后者无法成为一个一致的目标。也就是说，引入差别原则的原因之一就是阻止任何将福利和平等这两个不可比的价值结合起来的双重最大化的诉求，而将它们结合起来的唯一办法就是他的独立差别原则。

如果我们认为罗尔斯在这里是真正想要避免双重最大化的，那么我们可能认为问题仅仅在于"处境最差"在定义上的模糊性。罗尔斯试图通过讨论不同富裕（或者任何表示他的基本善处在较高水平的东西，不管它被称作什么）程度的人的阶级差异来规避这一问题。界定阶级会引入广泛的不确定性。在完全平等的理想化的初始状态中（如果一个赤贫但平等的状态可以被称为"理想"的话），只存在一个阶级。当我们说让处境最差阶级有所改善时，显然我们指的是：每一个人。但在此之外，我们根本不清楚到底处境最差阶级指的是谁。

"阶级"一词的运用，说明在处境最差阶级和处境第二差阶级之间存在显著，或者至少存在明显的分界线。很多情况下，阶级一定主要根据资源水平来定义，例如在一些国家中，所有公民享有基本平等的政治和经济权利，但其中一些拥有工厂，而另一些只是在其中为了薪资而工作。然而，按照资源水平来看，人们的分布可能基本上还是连续变化的。不存在一个明显的划分点，表明这是处境最差阶级，这是处境第二的最差阶级，以此类推。因此，将社会划分为这样的一些阶级，看上去几乎是不可操作的。想象由地位定义的阶级很简单，在封建或种姓制度中就是这样，但在现代工业社会中，根据收入和财富来定义阶级则并非如此。在后者中，任何对阶级的规定都存在随意性。

不幸的是，这是一个根本性的重要问题，因为差别原则的任务是克服将平等与互利相结合的不确定性。罗尔斯整个计划的闪耀之处就在于实现这一结合。如果我们没办法为差别原则有意义地定义阶级，那么这一切就建立在了沙丘之上。离开平等状态后，我们的第一个任务就是从所有事物状态中选出一个，这一状态对于完全平等状态下的我们而言是互利的（可能会存在多个这样的状态）。如果（因为阶级的定义存在问题）我们无法规定一个处境第二差阶级，让我们把选择范围缩小到一个或至少较少数量的状态内，那么我们的实践一开始就会面临不确定性。

如果没有一个可靠的差别原则或替代性方法将平等和互利连接起来，我们几乎一定得承认，我们的理论存在极大的不确定性，无法让我们在不同的社会、政治和经济形式和制度之间做出选择。只有平等主义看上去很可能会给世界带来贫困——罗尔斯理论本质上是以此为出发点的。但如果没有一个可行的差别原则，我们在选择互利制度时就缺乏可遵循的原则。比方说，极端资本主义和受到广泛存在的社会福利计划束缚的资本主义，对于纯粹平等状态下的每个人都是能够带来改善的。政治哲学家可能很容易提出，我们需要某种程度的政治平等，但是如果个人政治权力的成分是按照罗尔斯基本善中那样杂乱地罗列在一起的，那么他们将无法说清这意味着什么。

因此，我们又回到了最初的问题：如何平衡平等与互利的不平等。差别原则本应消除互利的不确定性，但它却带来了自身的不确定性——不仅不完整，而且逻辑上也缺乏一致性。到目前为止，我们只是有一个想法，认为这一平衡能够挽救对平等主义的强烈愿望，使其免受休谟、哈耶克等其他人的否定。但我们还没有办法实现这一想法，将它变成有意义的条款。

结语

除非事前运用互利原则，否则它在许多情况下是非常保守的。它只允许一些不会给任何人带来损害，或者可以完全补偿那些受损者的变动。事前，我们预期所有人都能够从某种变化中受益，例如从科技变革中受益，尽管我们可以确定，事后一定会出现受损者，正如农民、农场主、勒德派、现代的高科技公司（如 IBM）有时蒙受了损失。休谟认为拥有私有产权的法律制度能让所有人都受益——"每个人都会发现自己是受益者"［Hume，1978（1739—1740）：bk.3，pt.2，sec.2，497］。互利原则的应用会让世界受一个落后的独裁者或社会阶级的挟持，但作为事前原则，它在很大范围内可以令人满意，以至于最伟大的分配正义理论家都在其理论中接受了它。由于功利主义者认为它很有说服力，互利原则可能是当前西方道德和政治哲学中最被广泛接受的原则。它不足以解决所有议题，因为它的不确定性太强了，但无论是公平理论者还是功利主义者，都不会明显地违背这一原则。

关注互利存在一个潜在的智识问题。历史上看，这一直是哲学家们所关注的焦点，而这些哲学家现在被视为是保守的。并且事实上，如果不是事前，而是事中（medias res）来看互利原则的话，它本质上就是保守的，因为它只会建议一些不会让富人（或其他任何人）受损的政策。对于玛丽·安托瓦内特（Marie Antoinette）或伊迪·阿明（Idi Amin）而言，事中的互利也许是可接受的理论。它似乎也是许多当代自由意志主义者的政治理论，它以初始获得共识的规则为形式，被宣布为任何政策理论化的必要起点（Buchanan and Tullock，1962）。但即使是事前的互利原则，也主要与霍布斯等保守主义者相关，对于他们而言，正义是实证的术语，而非规范的术语——它是政府所要实现的，并且在霍布斯看来，这是为互利服务的。

亨利·西奇威克（Sidgwick，1907：440）指责休谟的视野是受限的，因为休谟忽视了分配正义，只讨论作为秩序的正义（详见 Hardin，1988：36—37）。事实上，在 19 世纪初出现激进功利主义者之前，分配正义只是偶尔得到关注。与现代人的理解不同，这个术语曾表示根据功绩分配奖励和职位，就像在亚里士多德所关注的问题中，它指的是给最具备相关品质的人分配领导职位。偶尔对平等主义的呼吁，如英国资产阶级革命时期杰拉德·温斯坦利［Gerrard Winstanley，1973（1652）］的著作，往往是基于对某种特殊生活的呼吁，尤其是对自给自足的农业的呼吁。这是一种注定会消亡的生活，它只能通过破坏互利和差别原则的可能性才能带来平等。不幸的是，在关于互利和其他正义理论的长期辩论中，非保守主义传统往往被糟糕的社会科学所束缚，或者被视为反社会科学的浪漫主义。

罗尔斯为政治理论做出了巨大的贡献，他将平等主义原则和互利原则结合到一项理论中，在其中，我们可以对它们的影响进行具有建设性的辩论，而不是不屑地将它们放到与前进方向相反的意识形态盒子中。他还帮助将制度重新带回道德理论——尽管其实他和他的评论者们更关注的是心理学（或者"道德心理学"），而并非易识别的制度。[17]功利主义经济学家保持了对制度安排的兴趣，而功利主义哲学家在 20 世纪的绝大部分时间内忽视了制度。然而功利主义经济学家被归入所谓霍布斯的意识形态世界中，这一划分往往是错误的，在其中，他们会被那些具有平等主义倾向的人所忽视。今天，也许我们可以依靠社会科学家，通过将可操作性作为独立于意识形态的重要关注点，来使我们走上理解正义及其可操作性的努力的正轨。

罗尔斯按照他的设想，成功地为我们提供了一项改进功利主义的理论吗？他拒绝了休谟的功利主义，把关注点放在最不可信的可加总、

"古典"、边沁式的功利主义上［Rawls，1999（1971）：20（22）］，让自己的比较过于简单。当代功利主义政治哲学不能建立在注重细枝末节的边沁主义价值理论之上。除了像帕累托那样形而上学地反对进行人际比较，还存在另一些明显的认识论困难，它们可能是难以克服的。功利主义者可能仍会接受某些形式的人际比较和人际加总，正如公开反对功利主义的罗尔斯［Rawls，1999（1971）：xvii—xviii and passim（vii—viii and passim）；1996，178—187］说他在基本善的描述中所做的那样。[18]但对于政治哲学中的许多问题，功利主义者必须满足霍布斯式效率或科斯式效率中的一个——二者都是互利的而非最大利益的概念——而不是加总福利的比较，他们必须承认，该理论在很多条件下是不确定的。如果功利主义者对霍布斯或科斯并不满意，他们就必须尝试界定另一种动态效率的概念，来作为其政治理论的核心。如果他们无法在这方面有所改进，那就会面临一个令人困惑的问题，即霍布斯的基础主义观点与科斯的边际主义观点无法一致地联系起来。

　　然而，除了当代序数功利主义与罗尔斯的理论在互利问题上共同具有的不确定性之外，这种功利主义的不确定性比"作为公平的正义"看上去要小得多。在基本善的集合，以及弥合互利与平等之间错位关系的差别原则上，"作为公平的正义"无法做到一致。当然，我将会在第八章中提出，如果这两种理论能够诉诸制度来处理众多问题，实现所谓的"机械确定性"的话，那么它们在不确定方面的压力可能会大大减轻。

【注释】

［1］ 仅在本章中，所有引自 1999 年修订版《正义论》的内容的页码不会有特殊表
　　　示，但引自 1971 年原版《正义论》的内容的页码会在圆括号内表示。
［2］ 这种意义上的静态正义论是阿克曼（Ackerman，1980）的理论，他关注的只
　　　是已有财富的分配，并不关心生产。

［3］与公平和功利主义的理论相比，自由意志主义、社群主义（communitarianism）和各种宗教理论在当代政治哲学中都不是主流。其中，自由意志主义的研究最为广泛，尤其是罗伯特·诺齐克（Robert Nozick，1974）的研究，这可能是因为它的自由主义根基来自洛克和苏格兰启蒙运动。然而，诺齐克对这一理论的阐述完全是规范意义上的，对我们混乱的现实世界没有意义。

［4］在一项惊人的声明中，罗尔斯［Rawls，1999（1971）：13（14）］说："效用原则（指的是功利主义）与为了互利而在平等的个体间进行社会合作的观念不相容。"在这里，他指的是经典边沁主义的功利主义，在这种功利主义中，所有人的效用会加总得出一个最大的总和。互利是休谟的功利主义原则的核心。不幸的是，在罗尔斯的指标中，"互利"指的是"互惠"（reciprocity），在罗尔斯的理论中与"互利"的含义不同，尽管互惠是实现互利的一种方式。

［5］休谟还认为："财产完全平等，破坏了从属关系，会极大地弱化行政官员的权威，而且一定会把所有权力和财产都降低到某个水平。"这听上去像一种贵族式的担忧，暗示了等级制度和相应的物质上的不平等，实际上对于实现很多理想的社会目标是必要的，这些目标中包括治理。这里引用的很多休谟的观点，最初都是在他的《人性论》［*Treatise of Human Nature*，Hume，1978（1739—1740）］中提到的，但在他的《道德原理研究》［*Enquiry Concerning the Principles of Morals*，Hume，1975（1751）］中表达得更为清晰易懂。

［6］因为它不能处理各种善的可替代性和互补性（Samuelson，1974）。

［7］这个规则还不完全，处境最差阶级能得到最好结果的状态不止一个，但对于其他不属于处境最差阶级的人而言，分配方式是不同的。人们可以提出一个逐步规则，通过这个规则来确定其他可替代的以等级划分的状态［Rawls，1999（1971）：72（83）］。

［8］布莱恩·巴里（Brian Barry，1989）整体上似乎将平等作为最主要的关注点。从构建理论的动机上看，可能是这样的，但"作为公平的正义"在逻辑上取决于互利和平等的协同作用。两者都是必要的，罗尔斯关心如何将二者结合起来，这引出了他独特的差别原则。

［9］或者说，在所有这些状态中，每个人都同等富裕，罗尔斯所指的初始状态是人们最好的状态。

［10］如果补偿性支付大于等于它们所带来的资源的增额，那就没有必要了。

［11］罗尔斯在他的公平原则中，含蓄地承认了这一点——当我们选择社会组织方式时，如果这一方式对我的才华回报更多，对其他人回报较少，那么我就要对其他人做出补偿。

［12］这实际上源于这样的事实：对物质不平等的关注远远早于对政治平等的现代关注。例如，威廉·佩利［William Paley，1978（1785）：bk.3，pt.1，chap.2，p.95］在两个多世纪前就提出了福利主义差别原则。

［13］关于政治权力平等的讨论，参见 Christiano，1996。

［14］不幸的是，罗尔斯激发了对"对人的尊重"（respect for persons）这一短语的使用。这种伦理学中巧妙的措辞几乎总能成为具有说服力的定义。它们听起

来很好，但往往缺乏内容。这个短语在我们的时代变成了空洞的说辞。把它说出来或写下来，透露出的是一个人的忠诚，而非思想。功利主义者坚持认为，每个人都应被算作且仅被算作一个人，这样的原则听上去像是给每个人平等的尊重。罗尔斯主义者则说，当功利主义者将福利以某种方式进行加总，通过让某些人受损来改善其他人时，就是没能够认真对待人与人的差别［Rawls，1999（1971）：24，153—160，163（27，175—183，187）］。这在哲学上，几乎是一句空话。［大波士顿是拉里·伯德（Larry Byrd）① 的故乡，他是最会说空话的人之一。］罗尔斯对社会排序，当他提出一种社会安排高于另一种时，为了满足差别原则的要求，他也做了类似的事情，尽管前一种社会安排对后一种社会安排对我的阶级更有利。如果说可加总的功利主义将个人利益淹没在社会结果中，违背了"对人的尊重"，那么罗尔斯的正义论也以类似的方式违背了"对人的尊重"。我认为罗尔斯所批判的可加总的功利主义在逻辑上是不一致的，因为人际基数可加总效用在微观层面毫无意义。但从任何特定角度来看，它并不缺乏"对人的尊重"。

［15］在这里，罗尔斯的观点与最早的说法有所不同，他原本将这些善——自由和经济善——按序排列（按照以上列表的顺序），并且禁止任何"基本自由与经济社会收益之间的交换"（Rawls，1971：63）。相较之下，之后的版本（Rawls，1999：55）则删掉了这些限制。结果造成后期版本逻辑变得不一致，其中（可能无意中）有些段落仍然维持了之前的限制（例如，Rawls，1999：182）。许多处于贫困状况中的明智的人们所做的选择与这种限制是相悖的。所以，罗尔斯自己后来的疑虑是恰当的。在贝托尔特·布雷希特（Bertolt Brecht）的《三便士歌剧》（Three Penny Opera）中，"刀客麦克"（Mack the Knife）很清楚地表达了这一点：首先要有食物，之后才是道德（或者，我们还可以加上自尊）（Brecht，1955：99，第二幕结尾）。物质上的满足在罗尔斯基本善的清单中位列第四。然而他似乎同意"刀客麦克"的观点，即当福利水平较低时，应该将福利的重要性排在前面［Rawls，1999（1971）：55，217］。

［16］该脚注提到基本善间的指数问题（Rawls，1996：180—181n）。这个问题在更早提到的艾伦·吉巴德（Alan Gibbard）所做的批判中也有所提及［Rawls，1999（1971）：xix（x）］。

［17］一个罕见的例外是贝茨（Beitz，1989）对选举制度的说明。这本书出版于十多年前，但它的关注点至今仍然鲜见。如果考虑到罗尔斯和他的评论者们经常主张的，罗尔斯的理论是为了制度建构而提出，那么这一理论实际上并不尽如人意。

［18］关于罗尔斯对功利主义的回应，另见 Rawls，1996：xvi—xvii，162。罗尔斯看似在说，整体福利不可能是重叠共识的一部分，因为粗略地看，它太难计算了（Rawls，1996：161—162）。相反，在普遍意义上与实际的重叠共识最相符合的，可能就是对繁荣和增进繁荣的关切了。事实上，对于我们所认为

---

① 拉里·伯德是篮球运动员、教练员，被认为有说废话的特点。——译者注

的罗尔斯的理论最适用的世界——过去一个世纪中的北大西洋共同体（North Atlantic community）——繁荣一定是最能达成共识的价值之一，甚至比"一人一票"所获得的共识更强。并不是每个地方的每个人都会寻求繁荣，有很多政治领导者，比如塔利班和很多原教旨主义宗教领导者，似乎并不希望给民众带来繁荣，杰拉德·温斯坦利〔Gerrard Winstanley, 1973（1652）〕和平等派在他们的时代也不愿意让英格兰变得繁荣。但是，在很多社会中，很难想象有什么比繁荣更能获得民众支持。在美国，"关键在于经济，笨蛋"一直是一句特别有效的政治口号。

第八章　机械决定论

　　我们如何与不确定性共存？通过前面章节详细介绍过的这些方法，我们在一定程度上能做到这一点。然而在整个社会背景下，对于一系列非常重要的议题，我们设立制度来应对不确定性。事实上，一项健全的社会理论应该落脚于制度。[1]在个人背景下，我们确实生活在不确定性中，理论失败后，随着时间推移，个人选择也会变得确定起来。世界是随机的，我们的生活也是如此，并且世界和我们的生活都由我们的策略互动所创造，都具有必然的不确定性。因此，在个人和社会背景下，我们通常无法实现理论上的确定性，达到的只能是机械的确定性（mechanical determinacy）。制度可以机械地解决我们的问题，它甚至还会将理论加之于我们，如下所述，制度将互利加之于关于刑事司法的不同理论之上。的确，选择公共政策在一些情况下就相当于接受——甚至是坚持——人际比较。

　　对社会组织而言，互利如果适用的话，会是一个相当具有说服力的整体性规范性原则。这是霍布斯对它的运用，尽管如果我们对社会科学有些许了解的话，那么这一原则就不会产生霍布斯的确定性建议。因为我们对各种形式的政府（如自由民主政府或法西斯政府）可以进行区别化的评估，所以我们不能像霍布斯所断言的那样，援引一个不充分理由原则来让我们对任何一种选择都同样满意。在一个序数福利主义理论中，如果说所有个人都有所改善的话，我们就可以说这个社会是有所改善的。只要我们认为关于社会改善的说法只是前一种说法的一种简短表达，这种主张中就不存在构成谬误（fallacy of composition）。不幸的是，互利标准为我们给出的不过是这样一种比较的主张，即状态 A 比状态 B 要好，而关于状态 A 和状态 C，以及大多数状态的比较，可能还是不确定的。

可以说，对于边际变化，互利作为规范原则的说服力要弱一些。在边际上，完全诉诸该原则本质上就是保守的。如果功利主义者认可人际福利比较是可能的——即使是粗略的比较，那么他们很容易拒绝这个原则（Hardin，1988：53—59，126—137）。互利在某种意义上是保守的，这里的保守的含义与乔治·斯蒂格勒［George Stigler，1965（1959）］的说法不同，他为对市场的承诺贴上保守的标签（这种观点让当前东欧和原苏联的激进分子成了保守派）。这是传统意义上的保守，意思是服从现状。巨大的系统性变革，就像当前在很多东方国家所进行的变革，不可能被认为是互利的，因为它们肯定会让一些人或群体成为净输家，而这些人或群体的身份是可以识别的。[2]

我们能够解决效率理论中留存的不确定性问题吗？如果我们能朝着边沁或波斯纳的人际比较度量方法靠近些的话，我们也许能做到这一点。实际上我们所做的人际比较有时是关于边际的，有时是整体性的。在边际的意义上，我们可以说，我觉得发痒比起你断腿的伤害要小，又或者，我的大幅加薪没有你好不容易找到工作的意义大。在整体的意义上，我们可以说，你生活在一个和平且具有蓬勃生产力的社会中，拥有生活富足和长命百岁的前景，这比我要好，因为我生活在一个贫乏又暴力的社会中，过着贫困的生活，预期寿命也很短。在上述边际案例和整体案例中，我们都只是做了序数性的比较。

我们可能会认为，通过让一个人的生活变得没那么好来极大地促进另一个人的生活，是一个好办法。或者，更系统地，我们可能会认为，将资源从一个非常富裕的阶级转移到一个贫穷阶级是好的。然而，这样我们就不能按照科斯定理所建议的去做（参见本书第五章）。科斯首先将生产从分配中分离，以实现以当前价格测量的最大化生产，接下来再对生产增加所得收益进行分配。如果生产变化在原则上是一个财产投入的问题，科斯的举措就应该是有效的，同时总是会受到交易成本的制约。但如果生产变化很大程度上是一个劳动力投入的问题，尤其当采取更大承诺和人力资本的形式时，那么分配也会对产出产生影响。这个问题是罗尔斯差别原则背后的驱动力，根据这一原则，我们会认同工作报酬存在一定程度的不平等，只要这一不平等能带来更大的生产，从而让社会中即使是最贫困的群体也有所获益。

最后，要注意的是，波斯纳在财富涵盖的内容上是相当广泛的（参见本书第四章）。帕累托的原则似乎可以囊括任何价值，尽管这些原则并不能够应对生产。科斯所指的也非常广泛。科斯在例子中确实通常以美元来表示相关方的收益和成本，但美元只是一个工具而非价值，并且可以用以交换其他具有价值的物品。此外，科斯提出，我们对福利效应进行说明时也要相当地宽泛。他甚至引用弗兰克·奈特（Frank Knight）的观点（部分也可能是在开玩笑），说福利经济的问题最终必须分解为美学和道德的研究［Coase，1988（1960）：154］。

与现代作者所不同，霍布斯看上去更愿意将经济和生存的议题与非物质议题分开。为什么有这样的差别？也许正是因为效用理论的发展。在过去的三个世纪中，它是所有价值理论中最清晰和最广泛的理论。也可能是因为在霍布斯那个时代的条件下，他认为其他问题被生存和物质繁荣的问题所淹没。对他来说，这些问题大致相当于罗尔斯理论中的基本善。在霍布斯的物质产品得到保障之前，他认为人们不可能对许多其他的价值进行大量的投资［Hobbes，1968（1651）：chaps.13，186（62）］。在某种程度上，这甚至是一种构成性的主张。例如，在霍布斯的自然状态下，人们不可能有群体认同的价值。因此，霍布斯最初的生存和福利的价值是先于身份等由社会决定的价值和参与等政治价值的。正是因为后来的理论家写的是正在发展的社会，所以他们可以理智地将这些价值带入他们的观点中，尽管将它们置于优先地位是个错误（有时它们确实会被置于优先地位）。然而，在关于改革和革命的争论中，不能如此合理地排除这些其他价值，除非人们认为确保正确政权的预期利益永远无法抵消在获得该政权的过程中出现混乱无政府状态的预期风险。

我们可以得出结论，把我们带到互利的前沿的各种努力极大地提高了我们对序数福利主义问题的理解，但它们并没有解决所有问题。

霍布斯和科斯提出了非同寻常的举措，使互利的方案在某些情况下似乎是可行的，包括整体的和边际的，但他们仍然给我们留下了不确定的因素。为了解决这些问题，我们至少可以强行规定序数主义的人际比较，然而，这违反了霍布斯、帕累托、科斯以及大部分法经济学所依据的互利原则。然而，人际比较可能为决策者和法官提供了一个避难所，他们面临着困难的问题或案件，在这些案件中，长期的效率不可能受到当前政策或决定的影响。

边际主义

有一种广泛使用的通俗说法是，保守主义仅倾向于维持某种界定好的现状，而不去改变。在这个意义上，可能经济学和法经济学的保守主义，都既是理论的结果，也是实证的结果。一个多世纪以来，西方经济学的主导传统一直是边际主义（Stigler，1982）。在这一传统中，谈论在不同方式组织下的社会总体价值是没有意义的。当代经济学只提供词汇和理论，来讨论变化带来的边际价值。我们是在一个休谟、帕累托和科斯的世界里，而不是在霍布斯或边沁的世界里。这可能是正确的地方，我们可以得出这样的结论：经济保守主义不仅在经验上证据充分，而且在理论上，我们对其负有责任。

然而，这样的分析并不能说明整体情况。除了实证经验和理论吸引力之外，当代经济学是建立在真正的价值承诺之上的。这种价值属于边际福利主义，是人际不可比元素和人际可比元素的混合，而这种混合是不稳定的。如果福利主义本质上就是边际主义的，那么它就会是保守主义的。但序数福利主义议题并不等于做出的判断是边际的，此处的边际的意思是微小或次要的。霍布斯关于政府存在互利的整体性理论是福利主义的，但并不是边际主义的，这一理论在概念上逻辑一致，甚至在经验上也是合理的。因而福利主义并非本质上就是边际主义的。相反，它只是比较的或相对的。

这一理论线索的真正保守之处在于，它将改变限制在对双方都有利的范围内，从而排除了依赖于权衡和人际可比的加总福利的改进。如果我们只能做互利的事情，那我们自然而然会维持现状。有时人们会注意到，功利主义曾经是政治激进主义者和改革者的道德理论，但现在它成为保守主义者的理论（例如 Williams，1972：102—103）。的确，它是大多数西方经济学家隐性的道德理论，现在可能也成为绝大多数东方经济学家的道德理论。变化的部分原因在于摈弃了基数的、人际可比的效用理论，对东方经济学家而言，它是一种劳动价值理论，是草草拼凑而成的经济理论的基础。

如果问题在于带来了边际主义的怀疑论，那么霍布斯并不符合这种描述，因为他并不想就边际变化进行辩论。在某些方面，现代经济学中影响最深远的怀疑论者是弗里德里希·哈耶克（Friedrich Hayek，1948b），他为去中心化的市场辩护，理由是中央组织的认识论与自发聚集在一起的经济行动者的认识论是不匹配的。哈耶克（Hayek，1960b：408）声称自己不是保守派，而是辉格派。在这一主张中，他仅援引了经济自由主义的早期词汇，来表示斯蒂格勒所说的经济保守主义的意思。然而如果哈耶克的价值理论是福利主义的，并且不能进行人际比较，那么它在智识上就存在矛盾，因为很显然，哈耶克认为从非市场手段向市场手段转换是好的，尽管这样的转换可能给某些人带来福利上的损失。

对互利的承诺可能会阻止干预，这种干预能帮助那些（从福利的人际比较的角度上说）比常人处境更差的人。无论是出于斯蒂格勒的经验原因还是出于理论原因，我们在这些情况下进行干预，都可能不可避免地给更大范围的经济带来严重扭曲，从而降低经济的生产力和其他人的福利。一个略宽松的、对自利的集体含义略有违背的价值承诺，无论如何都会允许这种干预。

在现实经济中，我们甚至不能遵循帕累托原则，如果有大量的买家和卖家，你是否也是一个卖家对我的福利不会产生影响。但是，如果我拥有所在街区的唯一一家餐馆，而你在我对面又开了一家，那么你在我的市场中的销售会给我带来很大影响。的确，你的所有交易都是自愿交换，给你和你的交易伙伴都带来了收益，但结果可能不是我们所有人都向互利的边界移动，都有所改进，因为我的福利会被削减，甚至这可能会让我破产，仅仅因为你是更好的厨师或者你的音乐更响亮。

两阶段理论

总体来看，我们在集体议题的选择上面临着两个截然不同的问题。第一，我们创建制度和组织来应对某些议题。在我们预期中，事前建立一项特定制度可能确实是互利的（尽管在不同制度间进行选择并非如此）。第二，我们——或者我们的制度——采纳特定政策并将它们付诸实施。很多实际政策的选择和实施都不会是互利的。我们在制度和政策上的选择，在认识论上的相似性是有限的。即使每个人都预期一项制度会给自己带来好处，每个人也仍然预期它会给某些人带来损失。这种情况下，我对净收益的预期是基于统计的。我会预期一系列与我相关的可能影响，从净损失到净收益，而预期价值的总和将是净收益。

一项实际政策的采纳也与此类似，因为它是基于该政策的成本和收益的统计预期进行的。这些预期可能也来自对某些特定个人的一系列可能结果，其中一些人总体上会受损，而其他人总体上会获益。创设制度和采纳政策这两者的差别，往往在于个人实际中可能会更确定自己可能从特定政策中得到什么结果。例如，一项新的累进税收会影响很多人，而他们可以有把握地预测这些影响。创建制度，再做出微观选择或政策选择的两阶段方法，是罗尔斯的无知之幕和非充分理由原则的一种实用主义变体。它的一个重要方面是，它阻止了对各种事物状态和行动的正确或错误、正义或非正义的直接评估。

霍布斯之后所有的两阶段理论家中，休谟可能是最固执的那个。他拒绝在所有权问题上直接使用效用，认为这种做法是短视的，违反了正义原则：

居鲁士年轻而缺乏经验，当他为高个子男孩分配了一件长外

套，把短外套分配给稍矮的另一位时，只考虑到眼前的个案，想
到的只是有限的合适和便利。他的老师指导他要改善自己的做
法，向他的学生居鲁士指出更广泛的视角和后果，告诉他维持社
会总体和平和秩序所需的一般性的、稳定不变的规则。[Hume,
1975（1751）: 304—305]

这段话有时被用来证明休谟并非一个功利主义者，或者说他是一
个规则功利主义者。但恰恰相反，这个论点是以制度为基础的功利主
义的一个必要结论。出于坚实的功利主义理由，财产法必须在一个正
在运行的制度中建立起来，且必须运用在案例中。该法律的设计要以
提升福利为目的对财产关系进行治理。接下来，在任何特定案例中，
各种官员都必须使用法律的内容，而无需考虑功利主义的评估。

也是基于这一原因，休谟推翻了亚里士多德等人的基于绩效的分
配正义观点，认为这一观点完全不切实际。关注这种分配正义的直接
结果是不可能的，因此他认为："民事裁判官很公正地将这些崇高的理
论家和普通强盗放到相同的位置，并用最严厉的纪律教育他们，根据
推测看上去对社会最有利的一项规则，实际却可能是完全有害且具有
破坏性的。"[Hume, 1975（1751）: 193]本质上，他主张自由放任的
分配正义。这不完全是罗伯特·诺齐克（Nozick, 1974）的自由意志
主义正义，因为它仅仅取决于发生了什么，而不取决于事情发生的方
式是否符合某种原生的自由主义或其他原则。事情发生的方式必须符
合某一制度结构，使它们整体上符合功利主义、贤能统治，或是平等
主义。

如果我们要遵循一项原则（比如按绩效分配），那么我们和休谟、
罗尔斯（Rawls, 1955）一样，必须承认首先一定要创建一项制度用以
实现这种分配。每项合理的政府理论都一定是两阶段理论。一旦一种
特定分配通过我们所能设计的最好的制度（包括在不同层面针对其决
策的上诉的所有安排）实现，亚里士多德主义者或其他功利主义者就
最多只能说事情进展不顺，而不会说我们应该尝试做一些事情来改变
分配。休谟对于平等主义、绩效回报和直接引用效用的实用主义的批

判是令人信服的。

尽管有这些案例，但两阶段论证并不是专门针对道德和正义议题的，它关乎任何需要组织来进行管理的议题。组织是根据它要实现的目标而设计的，无论人们是在工厂工作，还是在政府或司法系统中担任职务，这些人的任务都应该根据组织设计来设定。如果我在一条装配线上工作，那么我所应该做的任务，就是根据这条线更大的目的所设计的任务。我不应该特立独行地直接去为那个更大的目的而行事。我可能会发现应该改变一些做事的方式，并可能向那些管理这条生产线的人提出建议，但通常我不应该单方面采取行动（详见 Hardin, 1998a）。

与此类似，在庞大且复杂的威慑系统中，一位军官在发射武器时担任着相对特定的角色，但本质上在威慑政策应该是什么、何时发动武器的决策上不起任何作用。一旦威慑政策被采纳，要很好地执行它，就需要挑选和培训人员，让他们符合执行这一政策的特定角色。这些角色的"内容"不是由威慑问题所直接决定的，而是由执行威慑政策的制度的性质所间接决定的。一些角色扮演者可能会根据一些违背威慑政策的价值来行事，但就算存在这样偶发的、与设计不一致的情况，一个设计良好的制度仍然能够发挥作用。

两阶段的解释之所以令人信服，首先是因为复杂性阻碍了个体对各类事物的掌握；其次，与组织管理的互动相比，不受约束的个人互动的协调成效要差很多，因为组织会对如何协调加以规定。因为不确定性会严重阻碍无组织行动，所以如果要通过缩减不确定性的范围来掌控复杂行动，那就必须将复杂行动组织起来。

很多时候，将各种形式的组织中的某一种强加到我们的联合行动中，都会比任由这些活动自发调节对我们更有利。当我们确实将某种组织强加到一项行为或目的中时，在某种程度上，我们所做的与霍布斯所做的类似。我们把我们世界的复杂性简化，从而能够去掌握它。在各种形式的组织中，我们选出、落入或适应某一种，并不代表我们真正地消除了所有相关的不确定性，但这允许我们简单地并机械地克服策略互动中的不确定性，从而改善我们的现状。

制度的易错性

对于实际中的制度，最重要的考量之一是它的易错性。它们的设计可能会出错，或者更常见的是，它们可能被安排了无法完美地发挥作用的工作人员。[3] 因此它们经常产生一些与任务不符的结果。有人可能会说，制度认识论的一部分就是它的易错性，有时是以个人出错为形式，有时制度会以特定的、不可避免的方式出错。一个设计良好的制度能够减少失败的发生，但通常也只能减少，不能消除失败发生的可能性。如果制度会出错——固有地、可预期地出错，那么我们在设计制度时也应该将这一事实纳入我们的原则。我们的设计可能无法排除易错性，但可以在某种意义上绕过它，对可能出现的错误，我们可以设置检查和复置装置（redundancies）。

一项制度会不可避免地存在缺陷，原因在于我们无法设计出更好的制度。查尔斯·贝茨认为，一个制度设计的平等主义投票方案实际上可能会让某人处于一个不那么平等的投票位置。从罗尔斯更具普遍性的正义理论的结构出发，贝茨（Beitz，1989）得出的结论是，如果这个方案是在民主参与的正义理论下所能做到的最好方案，那么这个人就没有进一步的资源来纠正该投票方案表面的不公正。类似地，一旦一项正义制度被合理地设计出来，罗尔斯的公平分配理论就没有为处境最差阶级提供进一步的纠正。这两个案例中，看上去这些个人没有什么可以进一步采取的办法，也没办法对更大的社会或它的制度提出反对。为什么？因为这些制度经过理想设计，已经达到了能够达到的最好状态，因此没有可供纠正行为的进一步原则。一些看似仅是为了纠正行为的措施，可能严重损害那些在可能范围内已经做到最好的制度。

更常见的是，制度甚至达不到为其设定的标准。当个人认为国家是不可靠的，国家带来或允许错误的结果出现时，他们会怎么做？他们认为法律是错误时通常会怎么做，这个时候他们也会这样做。他们有时会违反法律，即使知道当局会因为违法行为而处罚他们。对我而言，违反法律可能是正确的；而对国家而言，执行法律也是正确的。因为个人和制度的认识论能力是不同的（Hardin，1994）。同样，在正义的某种潜在概念上，对于一项正义的制度原则所错误安排的分配，我违反它也可能是正义的。

对休谟来说，刑法和民法都是互利的。同样，西奇威克（Sidgwick，1907：440）称休谟的正义观为"作为秩序的正义"（justice as order）。它是一种事前的互利理论，因此很容易与基本的互利观点相吻合。一些对于刑法的辩护本质上是以"作为秩序的正义"为出发点的，而其他理论，例如矫正正义（corrective justice）理论和报应正义（retributive justice）理论，通常既非分配正义，也非秩序正义。因此在逻辑上，这些理论很可能与分配正义和互利理论是相冲突的。并且分配正义理论与互利理论也存在冲突的可能性，尽管罗尔斯的理论想要在逻辑一致的前提下与某些限定的互利观点相适应。

我希望提出一些超过这个单纯逻辑问题的、更加强有力的观点。分配正义、报应正义和矫正正义（最后这项可能在任何情况下都存在逻辑不一致）的理论在现实世界中的刑法论证中通常都必须让位于互利原则。抽象理论层面，人们可能会反驳这一结论。但实践中，由于随机性的原因，这个结果似乎是不可避免的。这并不是本书第七章关于罗尔斯的分配正义中所论证的平等和互利的关系，第七章这部分互利原则仅是修改了平等主义的决定。在这里，互利的原则是压倒刑事司法原则的。

为什么实践会对理论产生如此强大的影响？回想本书第三章中关于刑事司法的讨论，以及曾经普遍存在的主张——就算天塌下来，也要伸张正义（*fiat justitia，ruat caelum*）。这一主张尽管只是被理解为夸大的比喻，也是愚蠢的。对比喻进行解读，可知这一主张表达的意思是，尽管伸张正义可能带来严重伤害，我们还是应该始终伸张正义，任由这样做所带来的伤害出现。这通常被视为价值多元主义中的一个议题。但与之相比，现实更强大。

假设我们的正义理论并不是单纯的互利。这样一来，互利的考虑必然会与正义存在潜在的冲突。现在考虑一个以我们的更一般性的正义论为基础的司法系统。尽管对于任何特定个案，我们可能无法确定——也许当前的回溯性基因检测浪潮中的案例是例外，我们在原则上几乎可以非常确定，法院偶尔会做出严重的不公正裁决。但我仍然会认为，最好还是有一个可能犯错的刑事司法系统，即使我会有被错罚的风险，因为，在事前，我预期总体上有这样一个系统比没有要好。如果每个人都和我的想法、利益相同，那么这个系统就是互利的，虽然它有时是不公正的。此外，我们可能认为它不仅仅是互利的，还会带来巨大的好处，以至于我们会认为用这样的好处来换取不公正是合理的。除了理性化的盲目乐观者或前州长乔治·布什，没有人会认为任何实际运作的刑事司法系统不会偶尔产生不公正的结果（见Lovinger，1999；Firestone，1999）。因此，任何支持实际中的刑事司法制度的人，在一定程度上都会赞成让互利的考虑压倒正义的考虑。受制于现实，几乎每个道德和政治理论家在刑法问题上都是事前互利的实用主义者。

互利理论几乎固有地属于制度主义。［这一主张之所以会被加上"几乎"的限定，是因为戴维·高蒂尔（David Gauthier，1986）曾经提出一项表面上看是个人的，而非制度主义的互利理论。］例如，避免谋杀对我们可能并不总是互利的，但拥有一个相对有效的反对谋杀的法律制度对我们可能是互利的。对于我而言，被强制不能谋杀或偷窃之所以是有利的，是因为这种强制并不仅仅针对我，而是普遍的强制，因此，几乎所有其他人都会觉得在国家的强制体制下，不去谋杀和偷窃对自己是有利的。因此，拥有一个相应的法律体制是互利的。

互利理论的核心关注点是让我们的世界变得更好，而不仅仅是更公平。奇怪的是，论证一项法律制度的互利性，可能比从任何其他角度论证其正义性更容易。例如，要论证一向反对谋杀的实际制度本身的正义性，需要我们将它构建为只会或几乎只会进行正确的定罪。当然，在某些时候，不能给任何无辜的人定罪，就相当于不能给任何有罪的人定罪，因此也就相当于根本没有制度。在我们的正义原则上，我们必须做出决定，在给无辜之人定罪和给罪有应得的人定罪之间做出权衡。如果我们做这件事，那么在某种程度上，我们还是在从互利的角度，而非正义的角度进行论证。

　　大多数正义理论的论证方式并不能使这一推论变得清晰。但有一项互利理论可以做到，它原则上能很容易地处理这种权衡。如果我在没有制度的情况下遭受的损害，大于我在有制度的情况下的所有收益（给罪有应得的人定罪，以及给那些可能犯罪之人带来威慑）抵消掉损失（对我或我想保护的人进行错误的定罪）的总和，那么我就得到了改进。在实际应用中，这项理论可能没这么容易奏效，因为我们对各种体制的效应所做的社会科学的解释可能并不很好。

　　一项系统的正义理论的核心问题在于如何将它与其他关注点相结合，尤其是那些有时会与（分配）正义存在竞争的关注点。我们可以说正义总是高于一切，就像神圣却愚蠢的主张中所说的"就算天塌下来，也要伸张（法律或刑法上的）正义"。对于一个纯粹的分配正义理论，沉重之处在于要通过可能出错的制度来适应刑事司法原则。有时，这些制度会可预期地做出对无辜者不利的事情，并且在整个过程中，我们必须注意它要与现实世界中合理的制度共同发挥作用。如果一项理论无法做到这一点，那它必然在本质上就排除了实用的刑事司法。如果我们坚持绝对的公平，杜绝错判任何无辜之人，那么我们会得到严重错误的结果，以至于让所有人都遭受痛苦。并且，如果我们坚持结果平等（这看似是纯粹分配正义所要求的），那么我们却可能得到更为令人沮丧的结果，这个结果会比我们在集体利益中限制平等原则的运用所得到的结果更加糟糕。

　　要使分配正义理论与刑事司法相适应，一个方法是让刑事判决与所分配之物的范围相契合。与其他处境较好阶级的成员相比，一个处境最差阶级的成员因某一特定罪行所获的判决更轻。这一举措可能会让那些顽固的平等主义者感到高兴。它与一些做法相左，这些做法是我们的法律中更容易出现的，也是欧洲中世纪法律中相当公开的原则，即对犯罪的惩罚力度与地位呈反向关系：地位越高，惩罚越轻。

　　在以地位为基础的刑法中，互利原则的地位如何？如果要我们在中世纪因循地位制定惩罚的制度和普遍主义公平的制度之间做出选择，除非社会学和心理学都能证明我们在其中一种制度中获益更多（看上去并不大可能有这样的前景），否则互利原则就不是确定的。然而，尽管表面看不大可能，但从社会学角度来看，那些处于上层地位的人们能够从平等主义法律的社会中获得足够的利益，以至于从自身利益出发，他们也会选择平等主义的法律，而不是种姓制的法律。为什么会这样？因为那些地位较低者在公平的法律制度下会更具生产力和合作性，这足以让那些地位较高者受益，即使他们需要放弃在法律上的特权。结果可能取决于法律能否相对有效地抑制非法行为，以及法律效力在不同阶级间是否存在差异。

然而，司法系统中存在的最大实际问题是通常的制度问题与组织问题的结合，因为个体的理性和承诺是有限的。可以推测，这些问题正是现存司法系统有时会出差错、惩罚无辜者的原因所在。其中一个似乎很少被关注的问题非常突出。尽管一个刑事司法系统可能很容易被描述为符合某些更具普遍性的正义理论或某些特定的正义原则——互利、罗尔斯的分配正义、程序正义或报复性正义，但其官员可能遵循非常不同的原则，包括他们的个人利益。因此，设计一个好的司法系统的部分问题在于设计一个能够由可获得的人力资源运转的系统。而论证一个理论是不是一个好的理论，部分问题在于它能否在实际人类的手中良好运转。

詹姆斯·麦迪逊（James Madison）和其他人在起草美国宪法时，这样的操作性是一项核心议题——构建这样的一个政府，使其即使由无赖执政，也能良好运转。[4] 依据该宪法，刑法中最大的难题就是保持法律的公平，即使某些官员的种族主义会影响他们的行动。像美国的种族主义这样普遍存在的价值观，即使是在法律中也几乎不可能被约束。

制度是改良性的

如果这一论点是正确的，那么制度与个人不同，通常会被迫做出一些改良性的举动，这些举动并不是互利的。不需要提出任何人际权衡的主张，你我也都会同意应该以互利的方式行事。这确实是普通交换的本质。我用我的 X 换取你的 Y，对我们双方都有利。也许有人可以合理地提出，你的利益大为改进，而我的情况只是略好了些。也许甚至有人会说我们不应该进行交换，而应该仅由你将 Y 送给我，比起你我进行交换，你把它作为礼物送给我会让我们总体上更好。交易仍是互利的，因此功利是相对交易前的状态而言的，不需要判断它能在多大程度上改善两个人总体的利益。制度所处理的个体之间的差异，实际上确保制度行为在实际中不会具有这样的特点，因为制度将负担施加给某些人，同时给另一些人带来利益，尽管一项制度可能无法判断其行动会给哪些特定的人带来净成本。

在英国衡平法院的鼎盛时期，它的作用就是处理各类这样的案件——根据法律标准，这些案件的裁决是合理的，但它们却给当事人带来了不合理的处罚，这类当事人在某些重要方面与法律面前的标准当事人有所不同。人们可以想想一种类似的设置，它顺应这样的主张，即在一项制度的正常条款外的专门性知识能够为某些人的特殊待遇进行辩护。但人们不能相应地去期待，制度以这种方式去特殊处理每个案件的同时，还能很好地实现为我们利益服务的目标。因此，如果一项制度采取这样的政策，允许对"公平"采取特殊上诉，那么它可能只适用于极端案例，而不针对那些相对接近的决定。制度精简和规范决策的能力，是它们对我们有用的一个非常重要的理由。我们不能一边破坏制度的标准程序，一边又期待它们能继续发挥作用。我们创造这样的制度，这在事前是互利的，即使这些制度运作时，在一些特定实例中会给一些人带来净成本，而且我们事前也知道极有可能会出现这样的情况。

有人可能会说，这种情况下，改良近似互利。但这不能克服一个事实，即实际上它不等同于互利，并且它需要在个人之间进行事实上的权衡。因此，一个严格的帕累托主义者一定会完全反对公共政策。书籍中那些真正的严格的帕累托主义者是非常坚定的自由意志主义者，其中一些认为，就算没有制度，我们也能像制度存在时那样实现繁荣。因此，他们从根本上反对霍布斯，将他视为思想智识上最具威胁性的对手。我认为霍布斯更有道理，虽然他可能夸大了改革努力会带来的威胁的程度，认为它们会造成内战和无政府状态，并引发极大程度的破坏［Hobbes，1968（1651）：chap.30，p.380（177）］。

那些声称继承了帕累托的价值理论，有时还断言人际福利比较不可行的经济学家，在实践中并不总是帕累托主义的。他们经常同时提出制度和政策，他们写作时会进行成本收益分析，他们可能是政府委员会中继律师之后的又一类代表。经济学家热衷于维护人际不可比的观点，与他们督促采取权衡性政策的热情相比，有过之而无不及，而权衡性政策如果要在规范上立得住脚，那人际可比性一定是不可或缺的前提假定。[5] 他们逻辑上的不一致无法证明做出这样的权衡正确与否。但如果霍布斯是正确的，甚至只是大致上正确，那么事前就会迟迟无法推进服务于集体目标的制度建立，这就有力地证明了这种权衡的正确性，也证明了这些权衡所意味的事实上的人际比较的正确性。

这一结论为这种比较提供了正当性，但略带巧辩色彩。事前，我们都会希望拥有一个运行有序的世界，大多数人在其中会生活得更好，并且在我们的事前期望中，这种好处甚至是适用于每个人的。一旦拥有了维护这种秩序的制度，我们在实践中就不可避免地要做出个体间的权衡——可能通常不会识别个体身份，甚至根本无法识别个体身份，但无论如何要做出权衡。除非我们也接受之后要做出权衡，否则就无法建立事前合理的制度。根据事前互利原则，我们应该建立这些制度。因而，我们也需要做出权衡。下面两个相反结论中必有一个会出现。其中一个结论是，人际权衡的公正性——道德的和务实的，不是形而上学的——只有通过互利才能证明。另一个结论是，我们根本就不该有制度，因为我们不可以进行人际比较。

第二个结论可以被视为是"'应该'（ought）就意味着'可以'（can）"这个说法的运用。如果我们形而上学地不"可以"进行人际比较，那我们就不"应该"这么做。因此，我们也不应该认为以这种比较为基础的系统是合理的，那么我们也就应该抛弃制度。而第一个结论可以被认为是强制要求容忍这种权衡，或者更强烈地表达为要认真对待人际比较。我与这一结论的较强版本看法一致。我认为我们应该（并且确实在）认真对待人际比较。对于在原则上构建这种比较的意义，我没有形而上学的论证，也没有认识论的观点来证明我们如何能够了解他人的福利并与我们的福利进行比较。我甚至认同帕累托，认为我们无法得知将效用和福利进行跨个体加总意味着什么，但我认为我们应该这么做。

这个结论的较弱版本看上去无可争议：我们应该容忍人际比较。它的相反结论——我们不应该拥有制度来促进福利，是荒谬的。认为我们不应该有这样的制度，还是认为我们应该容忍必要的人际权衡——对于一个以让自己和他人过上良好生活为实用主义动机的人而言，接受后者的难度肯定要小于接受前者。拥有会做出这样权衡的制度，这在事前是互利的。面对普遍存在的不确定性，这样的制度能提供一种机械的确定性。

最后，请注意，以个人利益和规范意义上的互利来作为社会秩序的理由，可能并不像人们最初认为的那样相去甚远。因为互利就是个体的个人利益的序数的、加总水平的体现；对于建立一套服务于互利的秩序，我们可以预期会有大量的努力和支持。在一个实际社会中，我们可能看到的只是互利共赢的一种社会学变体的实现。所有在政治上具有效能的群体的利益都应该得到合理维护，否则它们会倾向于妨碍或反对这一社会秩序。因此，秩序倾向于服务所有这些群体（Hardin，1999d：chap.1）。在政治上缺乏效能的群体则不会得到维护。

在一个自由的、民主的社会中，人们也许可以预期这样一种趋势，即社会学上的互利秩序会变得更具包容性，代表各类不同的群体。至少，在为有政治效能的群体提供保护和利益的制度中，会有一些也会为其他人提供保护和利益，尤其当这些制度是直接针对个体进行运作，而非针对群体时。自由和民主的主张不会轻易与群体身份对应，不过，还是会有一些人被排除在秩序所带来的巨大利益之外。

契约主义的论点

几个世纪前，霍布斯、洛克等人就开始提出社会契约理论。洛克和大多数其他人的核心关注点都是政府的正当性。对于霍布斯，契约只是一种用以得到一个提供秩序的政府的手段。从这个角度上看，很少有契约论者［contractarian，一些人现在更愿意被称为"契约主义者"（contractualist）］是霍布斯式的，几乎所有契约论者都是洛克式的。之所以会这样，理由很充分，因为对霍布斯而言，除了作为最初建立政府的原因，契约没有任何其他作用，并且就连这个作用也并不是必要的。事实上，霍布斯［Hobbes，1968（1651）：chap.20］认为，篡夺和征服更有可能发挥这样的作用。霍布斯［Hobbes，1968（1651）："Review and Conclusion"，722（392）］提出："世界上很少有国家的起源能在良知上被证明是正当的。"

人们通常认为霍布斯为我们指出了国家的正当性，但如果这里的意思是任何实际国家的诞生在规范意义上的正当性，那霍布斯的文字完全与之不符。社会契约从来都不是国家出现的原因。对于洛克，社会契约的作用是哲学和规范意义上的，因此尽管它不能说明现实中国家的正当性，但仍然是深刻的。社会契约理论与某种形式的自愿协议相关。对洛克而言，协议是基于权利建立的，而我们达成协议的事实就可以说明我们政府的正当性。对霍布斯而言，协议仅是授权，协议的作用是选择一个主权者，以便主权者能够带来秩序。

在这里的各种情况下，我经常会提到我们想要什么或同意什么，尤其是我们事前想要什么或同意什么。在每个案例中，议题的关键都在于什么是符合我们利益的。因此，这样的观点是霍布斯式的，而非洛克式的。例如，我通常会以互利的事实来部分解释我们所处的位置，因为它激励我们到达这一位置。尽管这些激励不一定要压倒其他激励，但最终，成功服务于互利的制度和实践通常会压倒反向的激励。如上所述，很多时候我们能够实现的仅仅是社会学意义上的互利而非完全的互利。那些影响力较大的人获益更多，而那些影响力较小的人获益也较少，甚至可能被排除在利益安排之外。这是带有报复性的机械确定性，是政治确定性。通常，我们可以做得更好，并且可以创建以下制度，这些制度事前来看不会压倒性地服务于某些群体，而不服务于另一些群体。

结语

通常，我们都把我们的乌托邦主张作为理想化的理论来维护。这样的理论规定了我们追求什么，但由于实际原因，这可能在制度上很难实现，甚至几乎不可能实现。然而，这样的观点在面对真正让一些理论失效的不确定性时，也站不住脚，因为这种不确定性带给理论的不仅有实现的难度，还有逻辑上的不一致。这不是实用主义上的失败，而是在概念层面的失败。例如，在任何意义上，我们都无法为这样一种民主理论去辩护，这种民主理论要求集体选择要有个人选择的属性。阿罗定理表明，以上这种理论的期望是不一致的。类似地，在重复囚徒困境中、在威廉·赖克的规模原则（size principle）中（参见Hardin，1976），以及在罗尔斯的"作为公平的正义"中，任何寻求确定性选择理论的希望都会落空，因为这些都具有不确定性。

对于任何认为我们必须努力为不确定性的环境创造确定性理论的观点而言，更好的乌托邦基础是，这些错误的理论有助于其他人重新定义问题，以多种方式最终真正实现在不确定性的基础上重新定义这些问题。霍布斯、边沁、帕累托、罗尔斯和其他一些人的简化都是有价值的失误。帕累托［Pareto，1971（1927）：chap.3，sec.31，p.111］在谈到早期经济学中的错误理论时说："如果认为这些有误的理论从未面世会是件好事，那将是一个严重的错误。为了得到更好的理论，这些或其他类似的理论不可或缺。"关于那些有错误的理论家，帕累托说："我们不能责怪他们，因为简单来讲，问题必须一个接一个地解决，而且最好不要急于求成。"［Pareto，1971（1927）：chap.4，sec.11，pp.183—184］

在很多情况下，无论是在个人层面还是社会层面，在我们迈向更好理论的缓慢步伐中，通常应该在一开始就去努力认识相关的不确定性，甚至在我们理论的基本假设中就应该这么做。在重复囚徒困境博弈、社会秩序的基础、罗尔斯的分配正义的观点，以及介于它们之间的很多情况下，尤其是在为很多多样化的复杂问题组织解决方案的两阶段理论中，认识相关的不确定性能够得出更具说服力的理论。并且在很多情况下，这似乎也赞成粗略地运用人际比较。

对于以微观互动为基础的理论，我们面对的最困难的问题就是策略互动中无处不在的不确定性。策略选择的本质是选择一个承认有多个可能结果的策略，而非选择一种结果，这打破了关于行动本质的简单设想，也推翻了按照特定方式行动，而非达成特定目标的计划。关于结果主义和道义道德理论的大辩论，一直以来被视为纯粹的道德议题，但首先且最重要的是，它是一个概念议题，最简单的概念分析也会打破道义论的规划。政策议题不可避免地会带来策略和随机性问题，会让道义论的规划变得毫无意义，但这些政策议题通常在根本上仍然是道德议题，这样的案例包括冒着导致人类史上最严重流行病的可怕风险的天花根除计划，以及核威慑政策，后者带来的可能结果的范围很大，从田园闲适到极端的残酷都在其中。

策略互动的不确定性不仅是个人所要面对的外部问题，也是制度所要面对的内外部问题。例如，一项针对某个群体的政策可能会引发行为改变这一外部反应，进而影响政策的价值。更普遍地看，政策很容易引起意想不到的后果。有时候这仅仅是因为政策，就像一般的行动通常会引起反应，但有时也是因为不确定性，它使我们很难，甚至根本无法说出策略互动会造成什么结果。

至少有两种非常成功的方法可以在理论上应对不确定性，产生确定性或非常接近确定性的结果：霍布斯的整体性方法和科斯的边际性方法。我们还有过很多失败的方法，包括主张确定性、强调复杂互动条件下的均衡、主张基数主义的和人际可比的福利、主张回归到一套有限的规则中，以及对罗尔斯分配正义理论的（部分失败了的）复杂简化。在重复囚徒困境博弈和更普遍的博弈论、阿罗定理、霍布斯对社会秩序的解决方案和关于组织的两阶段理论以及它们的产出中，正视不确定性能带来很大成效。

理性选择对于行为的解释存在一个问题，那就是人们通常无法理解不同策略会给自己的利益带来什么影响。这并不令人感到意外。博弈论的发明（或者说发现？）也不过是 100 年内的事情，概率论的出现还不到 400 年。策略和随机性思维是很难的。甚至对于那些对它们有深刻认识的理论家而言也很困难。然而,尽管人们并不能特别好地理解因果关系,但大部分情况下仍能够应付生活。很多时候,我们解释人们成功或失败的原因,其实是去理解他们选择如何应对不确定性,这些不确定性常常会吞噬理性。

【注释】

[1] 对于某些社会理论可能并非如此——并且人们一定会对它们产生怀疑,甚至会质疑它们是否有任何意义。

[2] 不过我们可以基于它们确实会促进那些有政治效能的群体的利益的主张,来从社会学的角度解释这些变化(参见 Hardin,1999d:chaps.1 and 5)。

[3] 打个比方,这就相当于康德伦理学的核心问题,正如我们在本书第六章中讨论过的。该理论是基于假设一个社区由理想化的理性行为体所构成而得出的,但它要被运用到我们这个世界——这个显然是由不完美的(理性)行为体构成的世界。

[4] 休谟 [Hume,1985(1742):42] 提出,在设计政府时,"要假定每个人都是无赖"。

[5] 据推测,他们在后者上的费用远超过在前者上的收入。

参考文献

Ackerman, Bruce A. 1980. *Social Justice in a Liberal State*. New Haven: Yale University Press.

Arrow, Kenneth J. [1951] 1963. *Social Choice and Individual Values*. 2nd ed. New Haven: Yale University Press.

———. 1973. "Some Ordinalist-Utilitarian Notes on Rawls's Theory of Justice." *Journal of Philosophy* 70 (May 10) : 245—263.

———. 1978. "Nozick's Entitlement Theory of Justice." *Philosophia* 7 (June) : 265—279.

———. 1983. *Collected Papers*. Vol.1, *Social Choice and Justice*. Cambridge: Harvard University Press.

Aumann, Robert J. 1985. "What Is Game Theory Trying to Accomplish? " pp.28—76 in Kenneth J. Arrow and Seppo Honkapohja, eds. *Frontiers of Economics*. Oxford: Basil Blackwell.

Barry, Brian. 1980. "Is It Better to Be Powerful or Lucky? " *Political Studies* (June and September 1980) 28:183—194, 338—352.

———. 1989. *Theories of Justice*. Berkeley and Los Angeles: University of California Press.

———. 1995. *Justice as Impartiality*. Oxford: Oxford University Press.

Barry, Brian, and Russell Hardin, eds. 1982. *Rational Man and Irrational Society?* Beverly Hills, CA: Sage Publications.

Beitz, Charles R. 1989. *Political Equality: An Essay in Democratic Theory*. Princeton: Princeton University Press.

Bentham, Jeremy. [1789] 1970. *An Introduction to the Principles of Morals and Legislation*. Edited by J.H. Burns and H.L.A. Hart. London: Methuen.

Berlin, Isaiah. 1976. *Vico and Herder: Two Studies in the History of Ideas*. London: Hogarth.

Bicchieri, Cristina. 1988. "Self-Refuting Theories of Strategic Interaction: A Paradox of Common Knowledge." *Erkenntnis* 11: 1—17.

Bilder, Richard. 1985. "Formal Treaties and Tacit Agreements." *Bulletin of the Atomic Scientists* (April) : 51—53.

Binmore, Ken. 1991. "Review of *Morality within the Limits of Reason.*" *Economics and Philosophy* 7 (1) : 112—119.

Bok, Sissela. 1978. *Lying: Moral Choice in Public and Private Life.* New York: Pantheon.

Brecht, Bertolt. 1955. *Die Dreigroschenoper.* In *Stücke* (Plays), vol.3. Berlin: Suhrkamp Verlag.

Brennan, Geoffrey, and James M. Buchanan. 1985. *The Reason of Rules: Constitutional Political Economy.* Cambridge: Cambridge University Press.

Brzezinski, Zbigniew. 1983. *Power and Principle.* New York: Farrar, Straus, and Giroux.

Bruni, Frank. 1999. "Behind Police Brutality: Public Assent." *New York Times,* 21 February, sec. 4.

Buchanan, James M., and Gordon Tullock. 1962. *The Calculus of Consent.* Ann Arbor: University of Michigan Press.

Calabresi, Guido. 1985. *Ideals, Beliefs, Attitudes, and the Law.* Syracuse, NY: Syracuse University Press.

Campbell, Jeremy, 2001. *The Liar's Tale: A History of Falsehood.* New York: Norton.

Carritt, David. 1947. *Ethical and Political Thinking.* Oxford: Oxford University Press.

Chagnon, Napoleon. 1968. *Yanomamö: The Fierce People.* New York: Holt, Rinehart and Winston.

Christiano, Thomas. 1996. *The Rule of the Many: Fundamental Issues in Democratic Theory.* Boulder, CO: Westview Press.

Clines, Francis X. 2001. "Furor Anew with Release of Man Who Was Innocent." *New York Times,* 11 February.

Coase, Ronald H. [1960] 1988. "The Problem of Social Cost." pp.95—156 in *The Firm, the Market, and the Law.* Chicago: University of Chicago Press, 1988. (Reprinted from *Journal of Law and Economics* 3 [1960] : 1—44.)

Colson, Elizabeth. 1974. *Tradition and Contract: The Problem of Order.* Chicago: Aldine.

Couzin, Jennifer. 2002. "Active Polio Virus Baked from Scratch." *Science* 297 (12 July) : 174—175.

Dewey, John. [1929] 1960. *The Quest for Certainty: A Study of the Relation of Knowledge and Action.* New York: G. P. Putnam's Sons.

Dickey, Fred. 2000. "Worst-Case Scenario." *Los Angeles Times Magazine,* 25 June, 16—19, 33—34.

Donaldson, Thomas. 1985. "Nuclear Deterrence and Self-Defense." *Ethics* 95 (3) : 537—548.

Dwyer, Jim, Peter Neufeld, and Barry Scheck. 2000. *Actual Innocence: Five Days to Execution and Other Dispatches from the Wrongly Convicted.* New York: Doubleday.

Edgeworth, F. Y. 1881. *Mathematical Psychics: An Essay on the Application of Mathematics to the Moral Sciences.* London: C. Kegan Paul.

Feinberg, Joel. 1975. "Rawls and Intuitionism." pp.108—124 in Norman Daniels, ed., *Reading Rawls: Critical Studies of A Theory of Justice.* New York: Basic Books.

Fenner, Frank. 1984. "Smallpox, 'the Most Dreadful Scourge of the Human Species' : Its Global Spread and Recent Eradication—Part 2." *Medical Journal of Australia* 141 (December 8 and 22) : 841—846.

Ferguson, Brian. 1995. *Yanomami Warfare: A Political History.* Santa Fe, NM: School of American Research Press.

Firestone, David. 1999. "DNA Test Brings Freedom, 16 Years after Conviction." *New York Times,* 16 June, sec. A.

Flood, Merrill M. 1958. "Some Experimental Games." *Management Science* 5(October): 5—26.

Foot, Philippa. [1967] 1978. "The Problem of Abortion and the Doctrine of the Double Effect." pp.19—32 in Foot, *Virtues and Vices.* Berkeley and Los Angeles: University of California Press.

Fuller, Lon L. 1969. *The Morality of Law.* Rev. ed. New Haven: Yale University Press.

———. [1969] 1981. "Human Interaction and the Law." pp.212—246 in *The Principles of Social Order.* Durham, NC: Duke University Press.

Gauthier, David. 1986. *Morals by Agreement.* Oxford: Oxford University Press.

Geertz, Clifford. 2001. "Life among the Anthros." *New York Review of Books* (8 February) : 18—22.

Gray, John. 1996. *Isaiah Berlin.* Princeton: Princeton University Press.

Hahn, Frank. 1984. "On the Notion of Equilibrium in Economics." pp.43—71 in Frank Hahn, ed., *Equilibrium and Macroeconomics.* Cambridge: MIT Press.

Hallpike, C.R. 1973. "Functionalist Interpretations of Primitive Warfare." *Man* 8 (September) : 451—470.

Hardin, Russell. 1976. "Hollow Victory: The Minimum Winning Coalition." *American Political Science Review* 70 (December) : 1202—1214.

———. 1982a. *Collective Action.* Baltimore: Johns Hopkins University Press.

———. 1982b. "Exchange Theory on Strategic Bases." *Social Science Information* 2 (1982) : 251—272.

———. 1984a. "Contracts, Promises, and Arms Control." *Bulletin of the Atomic Scientists* (October) : 14—17.

———. 1984b. "Difficulties in the Notion of Economic Rationality." *Social Science Information* 23: 453—467.

———. 1985. "A Rejoinder"（to Richard B. Bilder）. *Bulletin of the Atomic Scientists*（April）: 53—54.

———. 1986a. "Deterrence and Moral Theory." pp.161—193 in David Copp, ed., *Reasoning about War and Strategy in the Nuclear Age: The Philosophers' Point of View. Canadian Journal of Philosophy,* suppl. vol.12: 161—193; reprinted, pp.35—60 in Kenneth Kipnis and Diana T. Meyers, eds., *Political Realism and International Morality: International Ethics in the Nuclear Age.* Boulder, CO: Westview Press, 1987.

———. 1986b. "Pragmatic Intuitions and Rational Choice." pp.27—36 in A. Diekmann and P. Mitter, eds., *Paradoxical Effects of Social Behavior: Essays in Honor of Anatol Rapoport.* Heidelberg: Physica-Verlag.

———. 1987. "Rational Choice Theories." pp.67—91 in Terence Ball, ed., *Idioms of Inquiry: Critique and Renewal in Political Science.* Albany: State University of New York Press.

———. 1988. *Morality within the Limits of Reason.* Chicago: University of Chicago Press.

———. 1989. "Ethics and Stochastic Processes." *Social Philosophy and Policy* 7（Autumn）: 69—80.

———. 1990. "Public Choice vs. Democracy." pp.184—203 in John W. Chapman, ed., NOMOS 32, *Majorities and Minorities.* New York: New York University Press.

———. 1991. "Hobbesian Political Order." *Political Theory* 19（May）: 156—180.

———. 1992a. "Common Sense at the Foundations." pp.143—160 in Bart Schultz, ed., *Essays on Henry Sidgwick.* Cambridge: Cambridge University Press.

———. 1992b. "Determinacy and Rational Choice." pp.191—200 in Reinhard Selten, ed., *Rational Interaction: Essays in Honor of John C. Harsanyi.* Berlin: SpringerVerlag.

———. 1993. "Effificiency." pp.462—470 in Robert E. Goodin and Philip Pettit, eds., *Companion to Contemporary Political Philosophy.* Oxford: Basil Blackwell.

Hardin, Russell. 1994. "My University's Yacht: Morality and the Rule of Law." pp.205—227 in Ian Shapiro, ed., NOMOS 36, *The Rule of Law.* New York: New York University Press.

———. 1995. *One for All: The Logic of Group Confflict.* Princeton: Princeton University Press.

———. 1996. "Magic on the Frontier: The Norm of Effificiency in the Law." *University of Pennsylvania Law Review* 144（May）: 1987—2020.

———. 1998a. "Institutional Commitment: Values or Incentives?" pp.419—433 in Avner Ben Ner and Louis Putterman, eds. *Economics, Values, and Organization.* Cambridge: Cambridge University Press.

———. 1998b. "Rational Choice Theory." pp.64—75 in Edward Craig, ed., *Routledge Encyclopedia of Philosophy*, vol.8. London: Routledge.

———. 1998c. "Reasonable Agreement: Political Not Normative." pp.137—153 in Paul J. Kelly, ed., *Impartiality, Neutrality, and Justice: Re-reading Brian Barry's Justice as Impartiality*. Edinburg: Edinburg University Press.

———. 1999a. "The Dear Self and Others." *Annual Review of Law and Ethics* 6: 211—230.

———. 1999b. "Deliberation: Method Not Theory." pp.103—119 in Stephen Macedo, ed., *Deliberative Politics: Essays on Democracy and Disagreement*. Oxford: Oxford University Press.

———. 1999c. "From Bodo Ethics to Distributive Justice." *Ethical Theory and Moral Practice* 2: 337—363.

———. 1999d. *Liberalism, Constitutionalism, and Democracy*. Oxford: Oxford University Press.

———. 2001. "The Normative Core of Rational Choice Theory." pp.57—74. In Uskali Maki, ed., *The Economic Realm: Studies in the Ontology of Economics*. Cambridge: Cambridge University Press.

Harsanyi, John C. 1956. "Approaches to the Bargaining Problem before and after the Theory of Games: A Critical Discussion of Zeuthen's, Hicks', and Nash's Theories." *Econometrica* 24: 144—157.

———. 1977. *Rational Behavior and Bargaining Equilibrium in Games and Social Situations*. Cambridge: Cambridge University Press.

Harsanyi, John C., and Reinhard Selten. 1988. *A General Theory of Equilibrium Selection in Games*. Cambridge: MIT Press.

Hart, H.L.A. 1961. *The Concept of Law*. Oxford: Oxford University Press.

———. 1979. "Between Utility and Rights." pp.198—222 in *Essays in Jurisprudence and Philosophy*. Oxford: Oxford University Press.

Hayek, Friedrich. 1948a. "Economics and Knowledge." pp.33—56 in *Individualism and Economic Order*. Chicago: University of Chicago Press.

———. 1948b. "The Use of Knowledge in Society." pp.77—91 in *Individualism and Economic Order*. Chicago: University of Chicago Press.

———. 1960a. *The Constitution of Liberty*. Chicago: University of Chicago Press.

———. 1960b. "Why I Am Not a Conservative." pp.397—411 in *The Constitution of Liberty*. Chicago: University of Chicago Press.

Herbert, Bob. 1999. "How Many Innocent Prisoners？" *New York Times*（18 July）, Op Ed page.

Herman, Barbara. 1993. *The Practice of Moral Judgment*. Cambridge: Harvard University Press.

Hobbes, Thomas. [1642] 1983. *De Cive.* Edited by Howard Warrender. Oxford: Oxford University Press.

———. [1651] 1968. *Leviathan.* Edited by C. B. Macpherson. London: Penguin. Originally published in London by Andrew Cooke. [《利维坦》有许多版本，我用的是麦克弗森（Macpherson）整理的版本，用圆括号标注的页码来自 1651 年的原版。]

Hopkins, Donald R. 2000. *The Greatest Killer: Smallpox in History.* Chicago: University of Chicago Press.

Hume, David. [1739—1740] 1978. *A Treatise of Human Nature* 2nd ed. Edited by L. A. Selby-Bigge and P. H. Nidditch. Oxford: Oxford University Press.

———. [1742] 1985. "Of the Independency of Parliament." pp.42—46 in Eugene F. Miller, ed., *David Hume: Essays Moral, Political, and Literary.* Indianapolis: Liberty Classics.

———. [1748] 1985. "Of the Original Contract." pp.465—487 in *David Hume: Essays Moral, Political, and Literary.* Indianapolis: Liberty Classics.

———. [1751] 1975. *An Enquiry Concerning the Principles of Morals.* pp.167—323 in Hume, *Enquiries,* ed. L. A. Selby-Bigge and P. H. Nidditch, 3rd ed. Oxford: Oxford University Press.

Jeffrey, Richard C. 1983. *The Logic of Decision.* 2nd ed. Chicago: University of Chicago Press.

Kant, Immanuel. [1797] 1909. "On a Supposed Right to Tell Lies from Benevolent Motives." pp.361—365 in Thomas Kingsmill Abbott, ed. and trans., *Kant's* Critique of Practical Reason *and other works on the Theory of Ethics.* 6th ed. London: Longman's.

———. [1785] 1964. *Groundwork of the Metaphysics of Morals.* Translated by H. J. Paton. New York: Harper and Row.

———. 1963. *Lectures on Ethics.* Translated by Louis Infield. New York: Harper and Row.

Kirman, A. P. 1987. "Pareto as an Economist." pp.804—809 in John Eatwell, Murray Milgate, and Peter Newman, eds., *The New Palgrave: A Dictionary of Economics,* vol.3. London: Macmillan.

Koshland, Daniel E., Jr. 1985. "Benefits, Risks, Vaccines, and the Courts." *Science,* 227 (15 March): 1289.

Kreps, David M., Paul Milgrom, John Roberts, and Robert Wilson. 1982. "Rational Cooperation in a Finitely Repeated Prisoner's Dilemma." *Journal of Economic Theory* 27: 245—252.

Ledyard, John O. 1995. "Public Goods: A Survey of Experimental Research." pp.111—194 in Al Roth and John Kagel, eds., *Handbook of Experimental Economics.*

Princeton: Princeton University Press.

Leijonhufvud, Axel. 1995. "The Individual, the Market, and the Industrial Division of Labor." pp.61—78 in Carlo Mongardini, ed. *L'Individuo e il mercato*. Rome: Bulzoi.

Locke, John. [1690] 1988. *Two Treatises of Government*. Cambridge: Cambridge University Press.

Lovinger, Caitlin. 1999. "Death Row's Living Alumni" and "Life after Death Row," *New York Times* (22 August), sec. 4.

Luce, R. Duncan, and Howard Raiffa. 1957. *Games and Decisions*. New York: Wiley.

Lyons, David. 2000. "The Moral Opacity of Utilitarianism." pp.105—120, in Brad Hooker, Elinor Mason, and Dale E. Miller, eds., *Morality, Rules, and Consequences: A Critical Reader*. Edinburgh: Edinburgh University Press.

Mann, Charles C. 2001. "Anthropological Warfare." *Science* 291 (19 January): 416—421.

Marx, Karl. 1906. *Capital*. Translated by Ernest Untermann. New York: Random House.

Matson, W.I. [1954] 1967. "Kant as Casuist." pp.331—336 in Robert Paul Wolff, ed., *Kant: A Collection of Critical Essays*. Garden City, NY: Doubleday Anchor.

Moore, G.E. 1903. *Principia Ethica*. Cambridge: Cambridge University Press.

Morgenbesser, Sidney and Edna Ullmann-Margalit. 1977. "Picking and Choosing." *Social Research* 44 (Winter): 757—785.

Mueller, Dennis. 1989. *Public Choice II*. Cambridge: Cambridge University Press.

Nagel, Thomas. 1977. "The Fragmentation of Value." pp.128—141 in Nagel, *Mortal Questions*. Cambridge: Cambridge University Press, 1979.

———. 1998. "Concealment and Exposure." *Philosophy and Public Affairs* 27: 3—30.

Nozick, Robert. 1974. *Anarchy, the State, and Utopia*. New York: Basic Books.

Nyberg, David. 1993. *The Varnished Truth: Truth Telling and Deceiving in Ordinary Life*. Chicago: University of Chicago Press.

Okun, Arthur M. 1975. *Equality and Effificiency: The Big Tradeoff*. Washington, DC: Brookings Institution.

Paley, William. [1785] 1978. *The Principles of Moral and Political Philosophy*. New York: Garland.

Pareto, Vilfredo. [1927] 1971. *Manual of Political Economy* (translation by Ann S. Schwier from the French edition) New York: Kelley.

Pigou, A. C. [1920] 1932. *The Economics of Welfare*. 4th ed. London: Macmillan.

Polinsky, A. Mitchell. 1989. *An Introduction to Law and Economics*. 2nd ed. Boston: Little, Brown.

Pollard, Rebecca. 2000. "Crime Genes: A DNA Mismatch Raises Fears." *Technology*

Review（May/June）: 29.

Posner, Richard A. 1980. "The Value of Wealth: A Comment on Dworkin and Kronman." *Journal of Legal Studies* 9: 243—252.

———. 1981. *The Economics of Justice*. Cambridge: Harvard University Press.

———. 1992. *Economic Analysis of Law*. 4th edition. Boston: Little, Brown.

Preston, Richard. 1999. "The Demon in the Freezer." *New Yorker*（12 July）: 44—61.

Pufendorf, Samuel. [1672] 1717. *On the Law of Nature and Nations in Eight Books*. London: R. Sare et al.

Radner, Roy. 1980. "Collusive Behavior in Noncooperative Epsilon-Equilibria of Oligopolies with Long but Finite Lives." *Journal of Economic Theory* 22: 136—154.

Rawls, John. 1955. "Two Concepts of Rules." *Philosophical Review* 67（April）: 3—32.

———. 1958. "Justice As Fairness." *Philosophical Review* 67（April）: 164—194.

———. [1971] 1999. *A Theory of Justice*. Rev. ed. Cambridge: Harvard University Press.

———. 1996. *Political Liberalism*. New York: Columbia University Press.

Raz, Joseph. 1986. *The Morality of Freedom*. Oxford: Oxford University Press.

Riker, William H. 1962. *The Theory of Political Coalitions*. New Haven: Yale University Press.

Roberts, Leslie. 1988. "Change in Polio Strategy？" *Science* 240（27 May）: 1145.

Samuelson, Paul. 1974. "Complementarity: An Essay on the 40th Anniversary of the Hicks-Allen Revolution in Demand Theory." *Journal of Economic Literature* 12: 1255—1289.

Scanlon, Thomas M. 1999. *What We Owe to Each Other*. Cambridge: Harvard University Press.

Schumpeter, Joseph A. [1942] 1950. *Capitalism, Socialism, and Democracy*. 3rd ed. New York: Harper.

Scitovsky, Tibor. 1952. *Welfare and Competition*. London: George Allen and Unwin.

Selten, Reinhard. 1985. "Comment." pp.77—85 in Kenneth J. Arrow and Seppo Honkapohja, eds., *Frontiers of Economics*. Oxford: Basil Blackwell.

Sen, Amartya. 1985. "Well-Being, Agency, and Freedom: The Dewey Lectures, 1984." *Journal of Philosophy* 82:169—221.

———. 1999. *Development as Freedom*. New York: Knopf.

Shalala, Donna. 1999. "Smallpox: Setting the Research Agenda." *Science* 285（13 August）: 1011.

Sidgwick, Henry. 1907. *The Methods of Ethics*. 7th ed. London: Macmillan.

Slote, Michael. 1985. *Common-Sense Morality and Consequentialism*. Boston: Routledge and Kegan Paul.

———. 1989. *Beyond Optimizing: A Study of Rational Choice.* Cambridge: Harvard University Press.

Smith, R. Jeffrey. 1984. "Missile Deployments Roil Europe." *Science* 223 (27 January) : 373.

Sorensen, Roy A. 1988. *Blindspots.* Oxford: Oxford University Press.

Sorrenson, E.R. 1972. "Socio-Ecological Change among the Fore of New Guinea." *Current Anthropology* 13: 349—384.

Stigler, George J. [1959] 1965. "The Politics of Political Economists." pp.51—65 in Stigler, *Essays in the History of Economics.* Chicago: University of Chicago Press.

———. 1978. "Wealth, and Possibly Liberty." *Journal of Legal Studies* 7: 213—217.

———. 1982. "The Adoption of the Marginal Utility Theory." pp.72—85 in Stigler, *The Economist as Preacher and Other Essays.* Chicago: University of Chicago Press.

Sun, Marjorie. 1985. "The Vexing Problems of Vaccine Compensation." *Science* 227 (1 March) : 1012—1014.

Thompson, Jennifer. 2000. "I Was Certain, but I Was Wrong." *New York Times* (18 June) , Op-Ed.

Thomson, Judith Jarvis. 1986. "Imposing Risks." pp.173—191. In Thomson, *Rights, Restitution, and Risk.* Cambridge: Harvard University Press.

Tierney, Patrick. 2000. *Darkness in El Dorado: How Scientists and Journalists Devastated the Amazon.* New York: Norton.

von Neumann, John, and Oskar Morgenstern. [1944] 1953. *Theory of Games and Economic Behavior.* 3rd ed.Princeton: Princeton University Press.

Waddington, C. H. [1960] 1967. *The Ethical Animal.* Chicago: University of Chicago Press.

Wade, Betsy. 1999. "Saving Lives in the Air." *New York Times* (9 May) , sec. 5.

Williams, Bernard. 1972. *Morality: An Introduction to Ethics.* New York: Harper.

Winstanley, Gerrard. [1652] 1973. *The Law of Freedom in a Platform; or, True Magistracy Restored.* New York:Shocken.

Wong, Kate. 2001. "Fighting the Darkness in El Dorado." *Scientifific American* (March): 26—28.

图书在版编目(CIP)数据

不确定性与社会 /（美）拉塞尔·哈丁著；段海燕
译. — 上海：格致出版社：上海人民出版社，2024.7
（国家治理研究译丛）
ISBN 978 - 7 - 5432 - 3543 - 4

Ⅰ.①不… Ⅱ.①拉… ②段… Ⅲ.①政治理论-研
究 Ⅳ.①D0

中国国家版本馆 CIP 数据核字(2024)第 079206 号

责任编辑 顾　悦　刘　茹
装帧设计 路　静

国家治理研究译丛
不确定性与社会
［美］拉塞尔·哈丁 著
段海燕 译

出　　版　格致出版社
　　　　　　上海人民出版社
　　　　　　(201101　上海市闵行区号景路159弄C座)
发　　行　上海人民出版社发行中心
印　　刷　上海商务联西印刷有限公司
开　　本　635×965　1/16
印　　张　12.75
插　　页　2
字　　数　177,000
版　　次　2024 年 7 月第 1 版
印　　次　2024 年 7 月第 1 次印刷
ISBN 978 - 7 - 5432 - 3543 - 4/C·309
定　　价　65.00 元

上海市版权局著作权合同登记号：图字 09-2024-0042

· 国家治理研究译丛 ·

不确定性与社会
[美]拉塞尔·哈丁　著　段海燕　译

指责的博弈：政府活动中的游辞巧饰、官僚主义和自我保护
[英]克里斯托弗·胡德　著　杨帆　译